现代体能训练理论及方案设计

路 光 ◎著

吉林出版集团股份有限公司
全国百佳图书出版单位

图书在版编目（CIP）数据

现代体能训练理论及方案设计 / 路光著 . -- 长春：吉林出版集团股份有限公司, 2023.6
ISBN 978-7-5731-3943-6

Ⅰ.①现… Ⅱ.①路… Ⅲ.①体能—身体训练—研究 Ⅳ.① G808.14

中国国家版本馆 CIP 数据核字 (2023) 第 126923 号

现代体能训练理论及方案设计
XIANDAI TINENG XUNLIAN LILUN JI FANG'AN SHEJI

著　　者	路　光
责任编辑	李　娇
封面设计	李　伟
开　　本	710mm×1000mm　　1/16
字　　数	224 千
印　　张	12.5
版　　次	2024 年 1 月第 1 版
印　　次	2024 年 1 月第 1 次印刷
印　　刷	天津和萱印刷有限公司

出　　版	吉林出版集团股份有限公司
发　　行	吉林出版集团股份有限公司
地　　址	吉林省长春市福祉大路 5788 号
邮　　编	130000
电　　话	0431-81629968
邮　　箱	11915286@qq.com
书　　号	ISBN 978-7-5731-3943-6
定　　价	75.00 元

版权所有　翻印必究

作者简介

路光 男，汉族，教育学硕士，副教授。1974年2月出生，山东省聊城市人。研究方向：民族传统体育学、体育教育训练学、体能训练理论与实践。

1997年7月毕业于北京体育大学。历任山东体育学院武术系综合教研室副主任、山东体育学院民体系散打教研室主任、山东体育学院武术学院副院长。

2014—2018年，菏泽学院体育与健康学院特聘教授、聊城市武术协会名誉主席。

2019年，日照市公安局特警支队警体训练高级兼职教官；2022年，济南市公安局人民警察训练基地警务实战研究中心专家；2023年，日照市五一劳动奖章获得者；现任山东体育学院竞技体育学院副院长，九三学社日照市委副主委，政协日照市第十届委员会委员，政协日照市第十一届委员会常委委员。

近年来主持并参与完成省部级课题3项、校级课题4项；核心期刊发表论文3篇、出版学术专著3部、参编教材1部、发表SCI（三区）1篇、外文期刊发表学术论文1篇、发表书评1篇。

前　言

体能是运动员竞技能力的核心要素，也是普通人的健康基础。进行体能训练可以很好地提升体能。20世纪80年代之前的竞技训练理论侧重将力量、速度、耐力、柔韧性、灵敏度这五大要素作为身体训练的主要内容，但训练强度较大，暴露出很多弊端。现在的竞技体育职业化程度越来越高，体育赛事的竞争也越来越激烈，似乎每个运动员都把赢得比赛作为自己的最终目标。也因此，人们更加将目光聚焦到体能训练领域，在吸取过去的经验和教训基础上，进行高效体能训练的研究、探索，成为各种运动的重要训练内容。怎样科学地进行体能训练，既可以提升运动员的表现力和成绩，也尽量减少运动员受伤的可能，延长运动员的运动寿命，成为运动领域的世界性课题。实践的需要会促进理论的发展。从传统的力量训练到核心训练，再到功能性训练，更多新理论涌现，为体能训练的发展做出贡献。但由于理论迭代频繁，很多理论从出现到消亡的时间很短，主要理论的根基不稳，实践检验也不够充分。这种情况下，传统的身体训练方法也依旧在发挥作用，本书希望对体能训练理论以及实践方案的设计进行梳理、讨论，将传统体能训练和现代功能性训练结合到一起，为更好地进行体能训练尽绵薄之力。

本书一共五章，分别围绕体能训练概论、体能训练的原则、现代体能训练的新发展、现代体能素质科学化训练以及现代体能训练方案设计进行阐述。第一章介绍了体能训练的内容与概念、体能训练理论发展与演变；第二章展开论述了体能训练的原则，包括特异性与个性化、超负荷与渐增负荷、减量训练、可逆性与周期性；第三章从现代体能训练的学科基础及其革新与发展两方面介绍了现代体能训练的新发展；第四章罗列了多种现代体能素质科学化训练，分别为力量素质训练、速度素质训练、耐力素质训练、柔韧素质训练和灵敏素质与协调素质训练；最后一章是现代体能训练方案设计，阐述了体能训练方案设计的理论依据以及方案制定及实施。

  在撰写本书的过程中，作者得到了许多专家学者的帮助和指导，参考了大量的学术文献，在此表示真诚的感谢。由于作者水平有限，书中难免会有疏漏之处，希望广大同行与读者及时指正。

路光

2023 年 2 月

目 录

第一章 体能训练概论 ... 1
- 第一节 体能训练的内容与概念 ... 1
- 第二节 体能训练理论发展与演变 ... 17

第二章 体能训练的原则 ... 20
- 第一节 特异性与个性化 ... 20
- 第二节 超负荷与渐增负荷 ... 29
- 第三节 减量训练 ... 33
- 第四节 可逆性与周期性 ... 37

第三章 现代体能训练的新发展 ... 43
- 第一节 现代体能训练的学科基础 ... 43
- 第二节 现代体能训练的革新与发展 ... 76

第四章 现代体能素质科学化训练 ... 91
- 第一节 力量素质训练 ... 91
- 第二节 速度素质训练 ... 124
- 第三节 耐力素质训练 ... 142
- 第四节 柔韧素质训练 ... 157
- 第五节 灵敏素质与协调素质训练 ... 168

第五章　现代体能训练方案设计……176
　第一节　体能训练方案设计的理论依据……176
　第二节　体能训练的方案制定及实施……178

参考文献……191

第一章 体能训练概论

本章是对体能训练的概述，介绍了体能训练这一概念，分别从两个方面展开阐述，一个是体能训练的内容与概念，另一个是体能训练理论发展及演变，为对体能训练的深入了解打下基础。

第一节 体能训练的内容与概念

一、体能的概念

在我国，体能既是一种日常用语，也是一种专业术语。我们普通人在日常生活中经常会提到"体能充沛""体能不足"等，这里的体能一般是指人体在"体力"上的表现，它们往往与"精力"相对应。体能指的是人的总能力的一部分，人的总的能力包括体力（体能）和精力。

而在体育学术领域，"体能"这一术语应用甚广，无论是大众健身领域，还是体育竞技比赛领域；无论是体育理论研究还是体育运动实践；无论是篮球、足球、排球等具体的运动专项，还是健身房的力量训练等，"体能"都是一个高频词。正因如此，目前体育学术领域对体能的定义多种多样。

随着时代的发展，人们对体育认识的不断深入，对体能本质的把握也越来越明确，体能的定义也逐步从抽象、笼统变得更具体、明确了。现在被广泛认可的体能定义即我国学者田麦久在《运动训练学》中所作的定义。虽然如此，但目前对体能的定义还没有形成一致地认同。因为许多著作中关于体能的含义表述不同，造成人们对体能以及体能衍生的相关理论与实践问题的理解出现了较多混乱。甚至出现了一些争议，这些争议也是由于各自对体能含义的理解不同所造成的。

本书中我们认同对体能进行如下的定义，即体能是人体的身体机能状况和运动能力的统称，是指人体各器官系统的机能状态及其在肌肉活动中表现出来的能力。具体来讲，体能包括：身体形态、身体机能、身体素质（运动素质）。

身体形态是指人体的概括性外部特征。包括体格、身体成分、体型、身体姿势，如身高、体重、胸围、腰围等。身体机能是人体各组织、器官、系统及整体所表现出来的生命活动能力，如骨骼肌机能、循环机能、呼吸机能、神经机能、内分泌机能等。身体素质也称身体适应性，是指人体在运动过程中所表现出的速度、耐力、力量、柔韧、灵敏、平衡及协调等机能能力的总称。例如，速度素质、耐力素质、力量素质、柔韧素质等。人体体能具体构成如表1-1-1所示。

表1-1-1 人体体能构成

体能构成	各具体指标
身体形态	身高、体重、肢体长度和围度等
身体机能	骨骼肌机能、循环机能、呼吸机能、消化机能、神经机能、内分泌机能等
身体素质	速度、耐力、力量、柔韧、灵敏、平衡、协调等

二、体能的内容

（一）体能的分类

1. 广义体能与狭义体能

根据体能所包含的内容范围可分为广义体能与狭义体能。广义体能就是前面所定义的体能，是人体整体的体能，即包含身体形态、身体机能、身体素质，从人体的三个层面、各个角度来表现体能的内容，是一种多维度、多视角的考察；狭义体能往往只是指身体素质，即速度、耐力、力量、柔韧、灵敏、平衡、协调等体能。虽然狭义体能只突出了身体素质，但实质上，身体形态（包括身体结构）、身体机能、身体素质是相关联的。

2. 一般体能与专项体能

一般体能与专项体能是竞技体育中使用的术语。一般体能是指，在运动训练中以各种最基本的身体练习的形式、最常用的训练方法和手段，来全面提高运动员的最基础的运动素质、增强身体各组织器官和系统的能力，改善身体形态、基本心肺耐力机能和力量、耐力等基本素质，培养基本的运动能力的体能；专项体能是完成专项竞技运动需要的特别、更复杂的体能，主要是与具体的运动项目相关。例如，体操需要专门的柔韧性和平衡性体能，短跑运动员需要的快速线性速度等。一般体能是基础，专项体能是在一般体能的基础上发展起来的。专项体能的提高会促进一般体能增进。

3. 有氧体能与无氧体能

按运动时人体能量供应的方式可分为有氧体能和无氧体能。有氧体能是指人体运动时的能量供应方式是有氧代谢供能的，这种供能方式越强，则有氧体能越好。无氧体能是指人体运动时的能量供应方式是无氧代谢供能的，这种供能方式越强，则无氧体能越好。

（二）与体能相关的术语

1. 体质

体质，就是指人体的质量。它是人的有机体在遗传变异和后天获得性的基础上所表现出来的机能和形态上相对稳定的特征。也就是说，人的体质受遗传变异和后天的营养、劳动、生活环境、体育锻炼等条件的影响，因而是可变的。体质包括体格、体能、适应能力以及精神状态等几个方面。

体能是衡量一个人体质水平的重要因素，是体质的一个重要组成部分，因此体能与体质两者不能完全等同。

2. 体力

体力是指人体的身体能力。体力往往是人体体质的一种现实表现，体质是一种内含的身体状态，而体力是一种外显的身体能力表现。有时候，体力实质上就是指体能。但体力往往是一种日常用语，而体能更多的是一种体育专业术语。

3. 健康

健康是相对于疾病（不健康）而言的。现在世界卫生组织（World Health Organization，WHO）对健康有更新的定义，健康不仅仅是没有疾病，还应在其他方面表现出良好的状态，健康的4个维度，如图1-1-1所示。

```
                    健康
         ┌───────┬──────┴──────┬───────┐
      身体健康  心理健康   社会适应性   道德
```

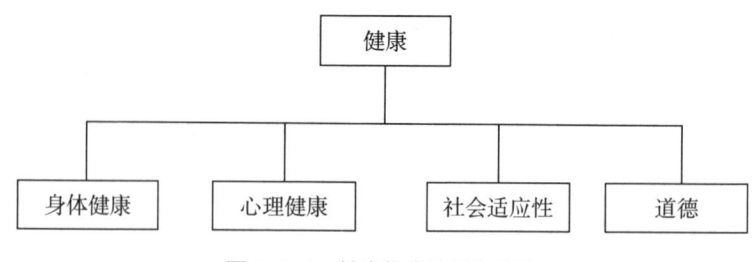

图 1-1-1　健康构成的四个维度

对于大多数人群来说，除了健康构成的维度外，健康的水平是一个更重要的考量。有众多的专家学者对人体健康进行了深入研究和探讨，有人将健康水平分为 3 个等级：第一，疾病；第二，亚健康；第三，健康。如图 1-1-2 所示。

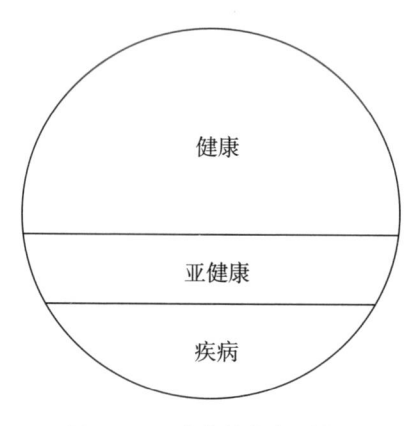

```
         健康
         亚健康
         疾病
```

图 1-1-2　人体健康水平模型

这种对健康水平的分类主要是从身体健康的角度来评价的，对于心理、社会适应性，特别是道德，难以用疾病来评价其健康水平。

因此，有人将健康水平分为 5 级，具体如下：

第一，一级健康：基本健康。

第二，二级健康：合格健康。

第三，三级健康：良好健康。

第四，四级健康：优秀健康。

第五，五级健康：完美健康。

另外，为了更加简便，还有人将 5 级水平简化为 3 级：

第一，基本健康。

第二，好。

第三，完美健康。

但这种对健康水平的分级存在着一些问题，因为除了疾病可以采用医学的方法进行评估外，其他的健康水平很难具体测定和评价。因此，在实践中意义不大。

体能或体适能含有健康内容，即健康体能，健康体适能。除此之外，还含有与运动技能有关的成分。因此，体能或体适能的含义比健康范围要更广。

4. 运动能力

运动能力分为狭义运动能力和广义运动能力。狭义运动能力是指人体运动中掌握并有效地完成专门动作的能力，这种能力主要体现在大脑皮质主导下不同肌肉的协调性；广义运动能力是指人参加运动和训练所具备的能力，是人的身体形态、素质、机能、技能和心理能力等因素的综合表现。也就是运动能力包括体能、技能、战术、心理等能力。目前所经常使用的运动能力概念是指广义的运动能力。

运动能力又可分为一般运动能力和竞技运动能力。一般运动能力主要包含体能和技能两种；而竞技运动能力除包含一般运动能力外，还包含专项运动能力、竞技战术、比赛心理能力等。

从这一定义可知，体能与运动能力有相近之处，但更有明显的区别。即运动能力包含体能，体能是运动能力的一部分。如图 1-1-3 所示。

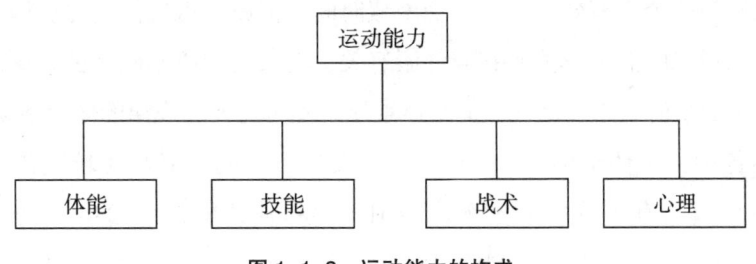

图 1-1-3 运动能力的构成

（三）体能与体适能

作为一个体育学术术语，体能只在中国（除香港、澳门特别行政区和台湾省）范围内使用。在西方的学术界，没有与之完全对等的以英语表述的该学术术语。将体能直译为英文的话，如"physical performance"，其含义与我们所定义的中文含义有很大的不同。而国外体育学术领域中与我国"体能"其含义本质比较接近的术语是"Fitness"或"Physical Fitness"，被翻译为"体适能"。

1. 体适能

体适能是我国香港、澳门特别行政区和台湾省对西方体育学术术语"Fitness"或"Physical Fitness"的翻译。"Physical Fitness"或"Fitness"是美国最早使用的与运动健康有关的概念,我国香港、澳门特别行政区和台湾省将这个西方的体育学术术语翻译为"体适能"。虽然是一个翻译术语,但香港、澳门特别行政区和台湾省后来对此又赋予了自己的理解和定义。

学术界沿用"体适能"这一术语,字面理解为身体适应能力,因此其字面含义与"体能"的含义有很大不同。世界卫生组织对体适能定义为:在应付日常工作之余,身体不会感到过度疲倦,还有余力去享受休闲及应付突发事件的能力。美国总统体育与竞技委员会(the President's Council on Physical Fitness and Sports)将体适能定义为:以旺盛的精力完成日常工作而没有过度的疲倦,有充足的活力去享受闲暇时间的各种休闲活动,并能适应各种突发情况。美国学者查尔斯·科尔宾(Charles B.Corbin)在其著作 Concepts of Physical Fitness: Active Life styles for Wellness(McGraw Hill)中对体能的定义为:体能是一种多维的存在状态,体能是指身体有效地发挥作用的能力。它是一种存在状态,由至少五种与健康相关的身体素质和六种与技能相关的身体素质组成,每一种都对整体生活质量有贡献。身体灵敏性与一个人有效工作、享受闲暇时间、健康、抵抗低动力疾病或条件以及应付紧急情况的能力有关。它与健康有关,但又与健康不同。虽然身体素质的发展是许多因素的结果,但最佳的身体素质是不可能没有规律的体育活动。

上述各种关于体适能(Fitness)的定义各不相同,但都比较模糊。因此为了便于对该概念有个统一的理解,美国学界对体适能概念给出了更清晰的外延。美国运动医学学会将体适能分为两类:健康体适能(Health—related Physical Fitness)和技能体适能(Skill—related Physical Fitness)。

(1)健康体适能

健康体适能是与健康有密切关系的体适能,是指心血管、肺和肌肉发挥最理想效率的能力。健康体适能包括如下 4 种(或 5 种)机能:

①身体成分:即人体内各种组成成分的百分比,身体成分保持在一个正常百分比范围对预防某些慢性病有重要意义。

②肌力和肌肉耐力：肌力是肌肉所能产生的最大力量，肌肉耐力是肌肉持续收缩的能力，是机体正常工作的基础。

③心肺耐力：又称有氧耐力，是机体持久工作的基础，被认为是健康体适能中最重要的要素。

④柔韧性：是指在无疼痛的情况下，关节所能活动的最大范围。它对于保持人体运动能力，防止运动损伤有重要意义。

有时候将肌力和肌肉耐力又单独分为两种，即肌肉力量、肌肉耐力，这样健康体适能就含有 5 种机能。

我们身体健康与否主要取决于人体的上述 5 种机能，即身体成分与人体的健康密切相关，肌肉力量与健康状况密切相关，同样肌肉耐力、心肺耐力、柔韧性都与我们身体健康密切相关。我们要保持良好的健康状况，就要维持好上述 5 种机能。我们可以从膳食、运动、休息等多种途径来维持和提高身体素质，促进这些机能的提高，最终促进健康。

（2）技能体适能

技能体适能也称为运动体适能，包括灵敏、平衡、协调、速度、爆发力和反应时间等，这些要素与运动能力直接相关。技能体适能包括如下 6 种能力：

①灵敏度：是指人体快速准确地改变整个身体在空间中的运动方向的能力。例如，滑雪是需要特别灵敏性的活动。

②平衡：是指在静止或移动时身体保持稳定与平衡。例如，滑水、在平衡木上表演等这些活动都需要特别地平衡。

③协调性：是指使用身体各部分的感觉来平稳而准确地执行运动任务的能力。例如，杂耍、打网球等。

④速度：是指在短时间内完成一个动作的能力。例如，短跑运动员需要良好的速度。

⑤爆发力：是指将能量快速转化为力的能力。例如，掷铁饼和推铅球是需要很大爆发力的活动。

⑥反应时间（敏捷）：是指从刺激到对刺激开始反应的时间间隔。例如，驾驶赛车和短跑比赛的开始起跑都需要良好的反应时间。

上述 6 种能力与运动能力的好坏、运动成绩的优良、运动完成质量等与运动技能相关的要素密切相关。我们可以从膳食、运动、休息等多途径来维持和提高身体素质，促进这些机能的提高，进而提高运动表现。但主要的途径是运动训练。毫无疑问，其他能力也可以归类为与技能相关的能力组成部分，但上述 6 种是最重要的运动体适能或技能体适能。如图 1-1-4 所示。

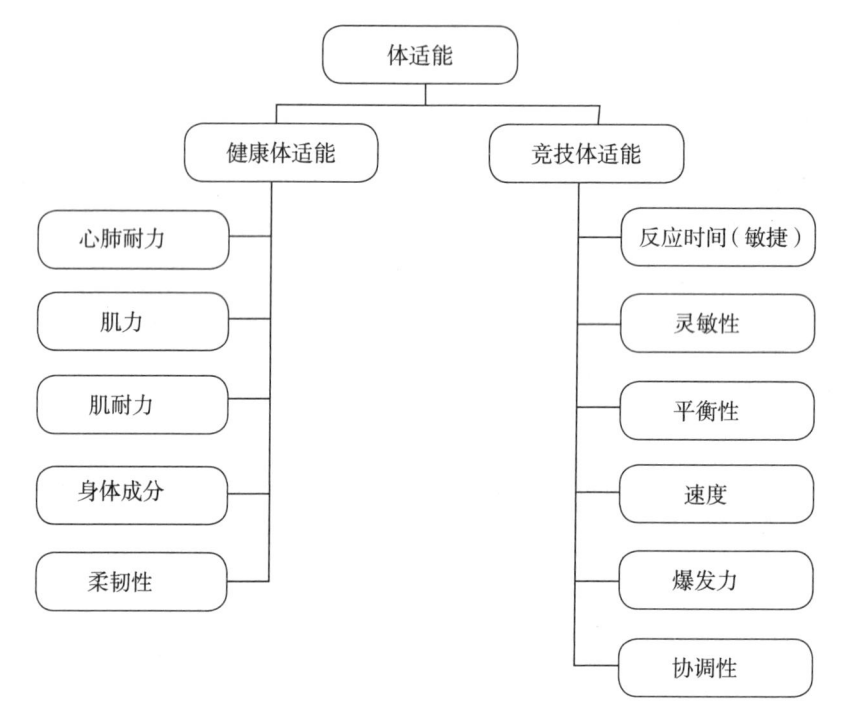

图 1-1-4　体适能的构成成分

2. 体能与体适能的区别

体能与体适能二者的含义前面已有描述。但二者的含义还是有所差别，如表 1-1-2 所示。

表 1-1-2　体能和体适能的构成成分的区别

构成		体能	体适能（Fitness）
身体形态	身体成分	√	√

续表

构成		体能	体适能（Fitness）
身体机能	骨骼肌机能	√	√
	心肺机能	√	√
	神经机能	√	×
	消化机能	√	×
	内分泌机能	√	×
	免疫机能	√	×
身体素质	力量	√	√
	速度	√	√
	耐力	√	√
	灵敏	√	√
	柔韧	√	√
	平衡	√	√
	协调	√	

（注："√"表示包含；"×"表示不包含）

由上表可见，体能包括了上面所列出的身体成分、身体机能、身体素质的各子项的全部内容，而体适能只是身体形态、身体素质和部分的身体机能。可见，体能的内容更广泛。

但是，如果更具体、更深入地分析会发现，就体能的三项构成内容而言，它们之间是有重叠的。例如，身体素质中有耐力而身体机能中骨骼肌机能表现为力量、耐力等，也包含有耐力，心肺机能也主要是耐力。因此，体能的三项构成内容不能也不应该截然分开，它们只是从不同的角度来反映人体机能。

（四）体能的意义

1.体能与健康

健康是体能的基础，体能决定健康的程度。

体能是指人体的身体机能状况和运动能力，是指人体各器官系统的机能状态及其在肌肉活动中表现出来的能力。体能的含义中明确包含体能指人体的身体机能状态，而健康的决定因素就是人体的身体机能状态。

体能的三个构成层面中，身体形态、身体机能直接影响健康状态，身体素质在一定程度上也能反映人体的健康水平，实质上，国外的 Fitness，即体适能这一术语，也往往与"health""wellness""well-being"互用，都指健康。

2. 体能与运动能力

体能是运动能力的基础和决定因素之一，特别对竞技运动能力更是如此。体能是运动能力的构成成分之一。因为运动能力包括体能、技能、战术、心理等能力，体能是其几种构成要素之一，是技能和心理能力的基础。

体能是技能的基础，两者相互促进。一切运动技能都是建立在坚实的体能基础之上的，任何动作的完成都需要有体能作为支撑，动作完成质量的好坏受体能的影响。体能对运动项目表现的影响与运动项目类型有关。根据动作类型的不同，有些运动项目需要更多的运动技能，是技能型运动项目，如乒乓球、射击、马术等；有些运动项目需要更多的运动体能，是体能型运动，如马拉松跑、游泳等。无论是技能型项目，还是体能型项目，都需要运动员具备必要的技能和体能，只是程度不同。

体能是心理能力的基础。运动比赛中往往出现因心理不稳定所造成的比赛失误、失败等现象。仔细分析发现，心理不稳定的原因有多方面，但体能因素是非常重要的一个方面。只要体能不足，往往就伴随着心理不稳定的发生。

坚实的体能基础能预防和减少运动伤病的发生，强大的体能最终能提高运动成绩。体能与运动能力及其各子项之间的关系如图 1-1-5 所示。

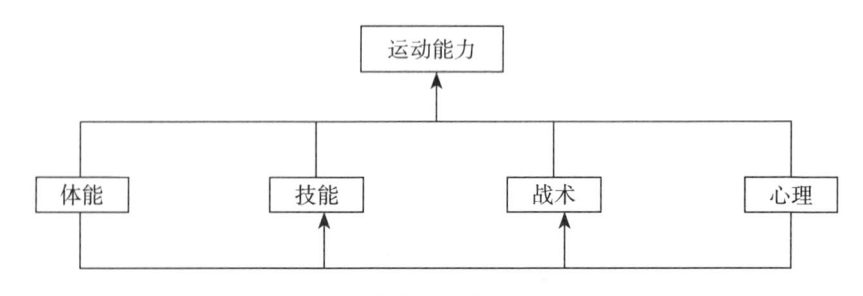

图 1-1-5 体能在运动能力中的作用

（五）体能的影响因素

不同的人其体能差异很大，这是因为体能受多种因素的影响。这些因素包括以下几个方面：

1. 遗传

遗传对体能的影响很大，因为构成体能的身体成分、身体机能、身体素质都受遗传的影响。力量、耐力、速度等各类体能都与遗传有密切的关系。因此，对于竞技运动来说，选人是非常重要的环节。

2. 营养

营养对体能的影响也很大，因为构成体能的身体成分、身体机能、身体素质都受营养的影响。不同的体能对营养的要求有所不同，不同的个体也有不同的营养要求，因此体能中营养的要求要做到专项化、个性化，并与运动水平和训练程度相适应。

3. 训练

人体的身体成分、身体机能、身体素质等状态具有一定的稳定性，但是更多的是处于动态变化的过程。稳定是相对的、阶段性的，动态是绝对的。训练会影响体能的动态变化，身体成分、身体机能、身体素质都会受到运动训练的影响。训练方式不同对体能的影响也不同。

4. 环境

生活环境对体能有很大的影响。影响体能的环境因素很多，主要包括海拔、气温、微重力等环境。

三、体能训练

（一）训练

训练是指有计划、有步骤地通过学习和指导使受训者掌握某种技能的过程。一般认为，技能是后天通过一定方式习得的。外显的动作技能和内隐的心智技能都可以通过一定的形式得到表现。

训练是有意识地使受训者发生生理反应，从而改变受训者素质、能力的活动。可以说，训练是一种特殊的教育获得。和教育一样，训练也是培养人的一种手段，人通过训练能得到提高。

训练的特点主要在于其目的性和计划性。

训练的目的性体现为：训练是一种具有非常明确目的的活动，其目的主要就是为了获得特定的技能。

训练的计划性则体现为：训练是具有严格计划性的活动，通过科学的计划和安排训练使身体产生最佳的反应，获得最好的练习效果。它不同于一般的经验习得，那是一种无意识的自然的发生过程，是通过多次反复经历所形成的经验。因此训练是有计划、有步骤地通过学习和辅导掌握某种技能的过程。

（二）运动训练

1.运动训练概念

运动训练是一种特殊的训练，是以运动为手段，以提高运动能力为目的的训练活动。我国学者田麦久认为，运动训练是指在教练员的指导下，为提高运动员的竞技能力和运动成绩，按严格设计的计划所组织进行的体育活动，它是竞技体育的重要组成部分。运动训练是一种特殊的教育，是体育教育的一部分。体育教育涉及的对象、教学内容更广，练习手段方法更常规。例如，体育教育不仅包含运动训练所涉及的对象，还包括广大在校学生的体育课程和体育活动以及其他一般人群的体育教育活动。而运动训练在训练目的、训练对象、训练方法手段等方面更具有特殊性。运动训练的主要参与者是运动员和教练员，而不是一般的体育参与者，是一个有组织、有计划的活动过程，其目的是提高训练水平，为取得运动成绩奠定基础。教学是教育的具体形式，体育教学是体育教育的具体形式，考察教学、体育教学、运动训练之间的联系和区别，可以更好地理解教育、体育教育、运动训练三者之间的关系。如表1-1-3所示。

表 1-1-3　教学、体育教学、运动训练各构成要素

要素	教学	体育教学	运动训练
目的	增进知识 提升能力 培养品格	身体健康 心理健康 社会适应性 运动技能与习惯	提升竞技能力 取得好的比赛成绩
主体	教师 学生	体育教师 学生	教练员 运动员
过程	计划性： 大中小学， 学期、周、天、课次	计划性： 大、中、小学， 学期、周、天、课次	严格计划： 大中小周期， 课次、间歇

续表

要素	教学	体育教学	运动训练
内容	知识 技能	体育健康知识 运动技能	运动竞技能力练习，运动强度，运动量，持续时间，休息间歇，运动形式
原则	整体性；启发性 理论联系实际；有序性； 协同性；因材施教；反馈调节 最优化	健康第一 因材施教 身心协调发展 知识技能并重 终身体育能力	导向激励与健康保障，竞技需求与区别对待，系统持续与周期安排，适应负荷与适时恢复
方法	讲授法 练习法 感知法 指导法 讨论法	讲授法 示范法 练习法 比赛法	模式训练法 程序训练法
评价	总结性 过程性	总结性 过程性	起始评价 过程评价 结果评价

2. 运动训练的构成

根据运动能力的4种构成成分，可将运动训练构成也分为4种，分别为体能训练、技能训练、战术训练、心理训练。如图1-1-6所示。

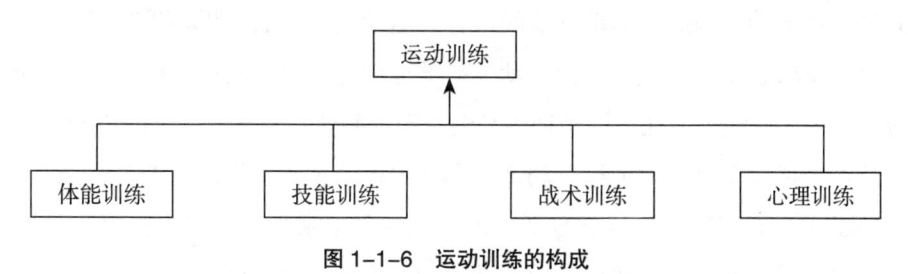

图1-1-6 运动训练的构成

根据运动训练的内容、目的、方法等的不同，运动训练还有多种分类方法。例如，常见的根据对项目的适用性将运动训练又可分为一般运动训练和专项运动训练。

3. 运动训练的特点

运动训练的特点表现为：

（1）适用对象的特殊性

运动训练适用对象主要是运动员群体，相较于体育教学健身的参与群体，这一群体的规模要小得多，但具有较强的运动能力、身体素养和扎实的体育技术技能。

（2）高强度的运动负荷

运动训练的最终目的是最大限度地挖掘和提高人体的运动能力。因此，在训练中必须通过高强度、长时间以及大运动量的身体刺激不断打破人体原有生理机能平衡，在更高层面上达到新的平衡。

（3）操作手段的专业化

随着训练水平的提升，科学化、专业化的训练方法手段已经成为影响训练效果的最关键要素。

4. 运动训练任务要求

运动训练的任务要求就是运动训练的直接目的，是为了不断提高运动员的运动技术水平，创造优异成绩。其任务要求是：

第一，促进运动员各个器官系统机能水平的提高，发展运动素质。

第二，发展和提高运动专项技术与战术，构建有关的理论知识体系。

第三，提高运动员训练的独立性能力。

第四，培养运动员道德和意志、品质素质。

运动训练任务要求是互相促进、紧密联系的，它们的共同目的都是为了创造优异的竞技成绩。因此，运动训练的内容及运动训练方法、手段等都具有专门性的特点，要求运动员通过大负荷运动，科学地训练，最终将运动能力在正式比赛中转化为运动成绩。因此，运动训练与健身锻炼和体育教学有明显的不同。

能否严格而又科学地进行运动训练和评定运动技术水平的高低，在一定程度上反映了一个国家的现代科学水平。世界上许多国家为在竞技比赛中夺取胜利，都大力地开展运动训练。要科学地指导运动员训练，教练员就应具备较高的科学文化水平和组织教学、训练的能力，精通本运动项目的科学技术，扎实地掌握有关学科的基础理论。

5. 运动训练常用方法

运动训练中经常采用的训练方法有：重复训练法、变换训练法、间歇训练法、竞赛法、综合训练法等。

6. 训练计划

训练计划一般有运动训练计划、大纲及运动训练课。制订运动训练计划是保证训练科学性的主要一环。计划包括：

第一，多年训练计划（一般以某届运动会，如全国性的运动会和奥林匹克运动会为期限，少年儿童运动员甚至还可以以 6~8 年为单位制订长期训练计划）。

第二，全年训练计划：一个年度的训练计划。

第三，阶段训练计划：一年的季度训练计划。

第四，周训练计划：每周的训练计划。

第五，课训练计划：每次课（1~2 小时）的训练计划。

训练大纲是根据训练的任务和训练对象的水平，科学地选择训练内容，并按一定的分类方法进行排列制定的。训练任务的最终完成，要靠每次训练课效果的逐步积累。训练课可分单一课和综合课两类。单一课是在每课只进行一项基本内容的训练，如身体训练课、技术训练课等；综合课是在一次课上，身体、技术、战术的训练混合进行。

（三）体能训练的概念及分类

体能训练是运动训练的组成部分，运动训练的基本规律适用于体能训练。但是体能训练还有其自身的特点和规律，需要揭示、把握和应用。

1. 体能训练概念

结合上面对体能和训练的讨论，就很容易理解体能训练的含义了。首先，体能训练是运动训练的组成部分。运动训练包括体能训练、技能训练、战术训练、心理训练 4 个组成部分，体能是运动能力的重要组成，因此体能训练是最重要的运动训练构成成分。其次，根据体能的构成，体能训练的内容包括身体形态训练、身体机能训练和身体素质训练 3 个部分。

因此，我们可以将体能训练定义为：体能训练是运动训练的重要构成部分，是以运动为手段，以提高体能为目的进行的有计划、有组织的对身体形态、身体机能、身体素质训练的过程（或活动）。

该定义明确了体能训练的目的、性质、手段、内容等体能训练定义的内涵和外延。

根据定义再次总结：

体能训练的目的：提高体能，获得优异运动表现。

体能训练的手段：运动方式。

体能训练的性质：是运动训练的重要构成。

体能训练的内容：训练身体形态、身体机能、身体素质。

2. 体能训练分类

根据体能的分类不同，体能训练也有相应的不同分类。例如，根据体能的身体素质构成可分为：力量训练、速度训练、耐力训练、灵敏性训练、柔韧性训练、平衡性训练。根据运动项目需要可分为：一般体能训练、专项体能训练。一般体能训练是指运用一般常规的体能训练手段和方法，针对身体健康要素训练，全面发展身体成分、身体机能、身体素质的运动训练；专项体能训练是指采用专门性的训练手段和方法，针对专项素质或运动专项需求，最大限度地旨在发展某些身体素质的、用以提高专项运动成绩的运动训练。

（四）体能训练的内容

1. 训练时间

体能训练的训练时间应依据体能训练的具体内容和形式而定。一般来说，一次体能训练应至少保证20～30分钟一定强度的练习，这样才有助于改善和提高练习者的心肺功能。

以肌肉耐力与力量训练为例，训练时间与训练中的重复次数成正比。对于一般训练者来说，在足够阻力的情况下，使肌肉全力以赴地练习8～12次的重复量，能够同时发展肌肉耐力与力量。当训练者有了进步后，每种抗阻力的训练应重复2～3组，以便使训练者获得更大的力量。

2. 训练形式

体能训练的训练形式即我们平常所说的练习形式。在体能训练实践中，选择练习形式时，应遵循科学训练的专门性原则。

3. 训练强度

合理安排训练强度是体能训练中必须考虑的重要问题。不同的体能训练内容，训练强度的具体指向是不同的。体能较差的训练者则应该以心率储备的60%（较低的训练心率）为训练的起点。

4.训练负荷

体能训练中的训练负荷由两个因素构成,即负荷量和负荷强度。负荷量是指负荷作用的持续时间和单个训练练习或系列练习时间内完成的工作总数(这里的"工作"既包括物理力学的,又包括生理学的);负荷强度是指每个练习时刻的用力值、功能紧张度和作用力度或者训练工作量在某一时间里的集中程度,简单来说就是单位时间内的负荷量。

运动负荷是以身体练习为基本手段对训练者有机体施加的训练刺激,是训练者在承受一定的外部刺激时在生理和心理方面所表现出来的应答反应程度。通常情况下,训练负荷对训练者体能训练的训练效果有着决定性的意义,通过对训练负荷诸因素的控制,可以构建起不同特征的训练方法,从而有针对性地提高训练者的体能素质水平。

第二节 体能训练理论发展与演变

体能训练是近十多年来竞技体育、运动康复、大众健身共同关注的领域。随着竞技体育社会影响力的不断提升,比赛的对抗程度越来越激烈,运动员的身体状态成为影响胜负的关键因素。同时,新的器材不断出现在健身场馆,人们的健身理念在更新,大众对健身训练的要求越来越高,不再停留在力量训练、走路、慢跑的水平上。这些都进一步引起了人们对体能训练的关注。赛场上优秀运动员的精彩表现乃至受伤都会引起人们普遍的重视,客观上也激发了运动员、教练员对体能训练的重视。如何通过系统、科学的体能训练,保持良好的状态,提高运动表现,防止伤病,成为当代运动员主要的职业目标。因此,体育界对体能的关注、对体能训练的重视达到了空前的高度。但值得注意的是,重视体能,特别是重视力量训练并不是一个新观点,一些训练理念也并非创新,而是早就使用,又被弃用,再被人们重视。

一、传统的训练理论与实践存在弊端

20世纪的30至60年代是欧洲运动训练理论的萌芽期,德国、苏联学者开始对运动训练理论进行研究、探讨,但训练还谈不上系统。20世纪40至50年代甚

至 60 年代，大多数的运动员都没有系统的体能训练概念。比如有资料显示：参加 1948 年奥运会的许多选手只是在赛前接受临时性的突击训练，缺乏正式的组织行为。这一阶段的体能训练主要是身体训练，围绕力量、速度、耐力、灵敏度、柔韧性等进行，并提出了一般训练、专项训练、专门训练等观点。在身体素质的训练中十分重视力量训练和大强度训练，对运动员成绩的提高起到了作用，但由于身体训练和专项训练没有太大的异质性差异，手段相近，负荷又大，极其容易造成疲劳的积累，引起损伤，甚至出现肌肉发达、力量提高，但技术、协调性、运动表现却下降的现象。

二、体能训练从康复治疗领域受益，出现核心定性训练

当代体能训练的快速发展与物理治疗和力量训练两个领域的演进密切相关。有学者认为，第二次世界大战后，物理治疗的关注点先后经历了骨骼肌肉、中枢神经系统、关节和动作四个时期。潘嘉比（Panjabi）于 1985 年首次提出了脊柱稳定性的概念，核心稳定性训练开始受到关注并进入运动员的训练中。随着动作灵活性和稳定性在伤病预防和康复训练中重要作用的发现，核心稳定性的概念由解剖学上的"小核心"扩展为"大核心"，即由"腰椎—骨盆—关节"区域扩展为连接上下肢之间的区域——躯干。为了尽可能避免伤病，竞技体育领域开始高度重视"功能动作的训练"。

三、美国对体能训练的重视与反思

20 世纪 70 年代末（1978 年），美国国家体能协会（National Strength&Conditioning Association）成立体能教练的概念逐步规范化。20 世纪 60 至 70 年代，多数研究关注的是心血管和有氧训练方法，极少部分专家研究力量训练对竞技能力的影响。20 世纪 80 年代末，有氧代谢、力量训练及其他素质（如灵活性）才逐渐受到重视，并成为研究领域中最有吸引力的课题。这一时期，以力量训练为重点，突出专项竞技能力的表现，实施专项化、系统化的体能训练设计，是美国诸多运动队、运动员进行体能训练的主要思路。NSCA 所表述的 Strength&Conditioning，就是指"以力量为核心的人体器官功能与机能系统活动系统的再平衡"，国内直译为"体能训练"。其目的是通过力量训练为主要手段，使人体神经、肌肉、骨骼等运动系

统做好专项比赛的准备，使人体机能体系适应专门运动的需要。这期间，力量训练在使运动员变得更强壮、成绩更好的同时，也出现了灵活性技能水平下降甚至伤病的困扰。

四、职业体育的训练实践催生"功能性训练"

功能性训练的核心目的是从最初康复性的损伤预防逐渐过渡到运动表现的整体提升。1997年，学者首次提出了"功能性训练"的概念，并指出运动应注重身体的动力链作用，为功能性训练在体育领域系统的开展迈出了实质性的一步。之后逐渐建立起了基于人体运动功能的训练理念、方法和体系。这一时期，美国国家运动医学会（National Academy of Sports Medicine）、英国体能训练体系、澳大利亚体能训练体系等学术组织，开始重视从新的视角建立自己的体能训练、理论系统，丰富体能训练的方法体系，增加科技含量，进一步提高了运动训练的科学化水平。

现阶段，国际体能训练研究按着竞技性体能和大众健身性体能两条路径各自发展，两条路径在核心力量和核心稳定性问题的研究中出现了交叉。后继核心力量训练、功能性训练、动作训练等成为体能训练的热点，在竞技体育和健身领域普遍推广并有商业化、产业化发展趋势。

第二章 体能训练的原则

本章主要介绍体能训练的原则,分别从四个方面进行阐述,即特异性与个性化、超负荷与渐增负荷、减量训练以及可逆性与周期性。

根据特异性原则,为了使效益最大化,训练必须与人所从事的活动或运动类型特别匹配。运动员参加的运动需要巨大的力量,如举重,不会期望从耐力跑获得很大的力量。

根据个性原则,每个人对训练的反应都是独特的,训练计划的设计必须考虑到个人的差异。

根据可逆性原则,如果训练中断或突然减少,训练的好处就会丧失。为了避免这种情况,所有的培训计划都必须包括维护计划。

根据累进超负荷的原则,当身体适应训练在一个给定的体积和强度,施加在身体上的压力必须逐步增加,以训练刺激保持有效,产生进一步的改善。

根据变化(或周期化)原则,培训计划的一个或多个方面应该随着时间的推移而改变,以使培训的效果最大化。系统化的训练量和强度的变化对长期进展是最有效的。

第一节 特异性与个性化

一、特异性

(一)含义、特点

特异性是指要获得专门竞技需要(训练适应),必须对所要进行的训练活动的类型以及练习的量、强度进行有高度匹配的专门性计划、安排并去实施的训练原则，即"要什么，就练什么"，也被称为专门性、专一性等。例如，为了提高肌肉力量，铅球运动员不会强调长跑或慢速、低强度的阻力训练。铅球运动员需要增强爆发力。同样，马拉松运动员也不会专注于短跑训练。这可能就是为什么进行力量训练的运动员，比如举重运动员，往往有很大的力量，但与未经训练的人相比，有氧耐力没有高度发展。根据特异性原则，运动适应性针对训练方式、强度和持续时间，为了达到特定的训练适应和目标，训练计划必须强调生理系统，这对于在某项运动中取得最佳表现至关重要。

训练特异性是由缩写词"SAID"（对强加要求的特定适应 specific adaptations to imposed demands）浓缩而成的，它的定义是：它是训练的一个基本原则，即为了提高身体素质的某个特定部分，一个人必须在训练中着重训练它。为了实现特定的训练适应，训练计划必须强调用于执行特定活动的生理系统。

为了优化与表现相关的生理系统，特异性存在三个组成部分：技能特异性、肌群特异性和能量系统特异性。通常，运动员和教练将特异性的定义解释为在所有训练课程中根据运动模式和速度来复制表现的要求。有很多例子表明教练和运动员认为训练的唯一方式就是比赛速度，因为那是他们必须专门学会应付的速度。这样做的一个不科学的例子是，马拉松运动员只能以比赛的速度跑。运动员可能不知道最好的训练速度，因为提高身体的能力可减少碳水化合物和乳酸产生的损耗，从而降低疲劳的，是速度与乳酸阈值，这样训练的速度通常比马拉松的速度更快。没有单一的强度、持续时间或频率来让个人为某项运动或事件的所有生理需求做好准备。因此，训练总是需要一系列的强度和持续时间。训练处方的要素是特定于个人和他（她）目前的条件作用水平。此外，以交叉训练形式进行补充训练的作用，可以增强适应性反应，避免过度使用造成的潜在伤害和可能导致表现不佳的过度训练。

与训练适应相关的基础生理学知识对于理解特异性至关重要。这一基础生理学知识也将有助于理解训练刺激可能导致的二级甚至三级适应。

（二）科学基础

运动训练的特异性是指代谢和生理功能的适应，依赖于负荷的类型和模式。特定的无氧运动压力（如力量训练）诱发特定的力量的适应；压力诱发特定的有氧系统适应，在力量训练和有氧训练之间只有有限的利益交换。尽管如此，特异性原则已经超出了这一广泛的界限。例如，有氧训练并不代表只需要心血管负荷的单一实体。有氧训练依靠特定的肌肉达到预期的效果，最有效地提高游泳、骑自行车、跑步或上半身锻炼的有氧健身水平。

一些证据甚至表明训练反应的时间特异性。例如，训练改善的指标在一天中定期进行训练的时间达到峰值。当实验室测量最接近真实的运动或使用运动所需的肌肉质量和运动模式时，才能对运动特有的表现进行有效的评估。简单来说，特定的练习能激发特定的适应，从而促进特定的训练效果。换一种容易记住的方法：特异性是指对强加要求的特定适应。

为了开发特定的健身方案模块，必须执行专门为该模块设计的练习，这就是特异性原则。例如，重量训练可以增强肌肉力量，但对心肺耐力或柔韧性的培养效果较差。特异性也适用于技能相关的健身组成部分（提高网球技术，必须练习网球）和身体的不同部位（发展更强壮的手臂，必须锻炼你的手臂）。一个全面的锻炼计划包括锻炼身体的各个部分以及特定的活动或运动。

来自加州大学伯克利分校的运动科学先驱富兰克林·亨利发展了训练的特殊性原则。他的研究表明，以特定的速度进行特定的动作可以发展出一种独特的技能。换句话说，没有一般意义的协调性、敏捷性、平衡性和准确性，只有特殊意义的协调性、敏捷性、平衡性和准确性。滑雪时需要的平衡与单脚站立或在滑板上做特技时需要的平衡是不同的。每个运动员都需要自己的特殊训练。

特定的刺激导致特定的适应。如果刺激被减少或移除，可逆性或停训开始，在每个生理系统中，个体都有一种还原到最低"能量状态"的趋势。这在很大程度上是预先编程的。换句话说，它依赖于遗传，而这种状态是进化的结果。在远古时代，人类进化成狩猎者和采集者，在食物供应不足的时候有发达的系统来保护有机体。

肌肉是非常消耗能量的，所以肌肉的发展应该有一个限制超出了正常功能的需要。生物的基因型是遗传能力的结果，遗传能力进一步受到环境压力的影响。消除环境压力，生物体将恢复到"类型"（即基因型）。因此，基因"预编程"可能意味着在 25 岁时，没有经过任何训练，最大摄氧量可能是 60 毫升／千克／分钟。通过训练，可以提高 20%。去除训练后，基因型恢复到 60 毫升／千克／分钟。

因此，要保持给定的训练状态，就需要经常应用产生这种状态的刺激。所以刺激周期是必需的，特异性和防止脱训练形成了周期发展背后的理论基础。

（三）应用要求

1. 针对性

根据特异性原理，适应性是针对性地训练肌肉，依据的是运动能力需求，练习的要素是运动强度、运动能量代谢方式以及训练动作的关节角度。例如，如果训练计划的目标是最大限度地增加力量，那么进行低强度、大运动量的锻炼就不适合那个特定计划的目标。同样地，一个人在准备马拉松时也不会把注意力完全集中在短跑上。阻力训练通常是运动体能训练的一部分，其主要目的是提高运动成绩。为了使力量的增加对运动成绩产生积极的影响，训练计划必须对运动有较高的影响。除了运动的实际练习外，没有任何训练计划是 100% 的。为了优化力量从举重室转移到比赛场地，选择训练特定肌肉的运动是很重要的。此外，所选的练习需要对运动的神经肌肉协调提出要求，类似于在比赛时施加的要求。例如，像推压这样的多关节结构练习需要上下身体肌肉的协调运动，以使杠铃从肩膀高度压到头顶。这种练习类似于篮球运动中的具体动作，如跳起抢篮板球，或者在防守者的旁边试图得分。

2. 融入训练计划

为了明确并符合事件的要求，训练计划必须从确定目标开始。例如，一个 50 岁男性想要在当地 10 千米赛跑中突破 60 分钟，他的训练计划与一个 16 岁的高中生参加 400 米和 800 米长跑的训练计划就非常不同。

目标确定后，估计主要能源系统的相对贡献百分比。对于上述 50 岁的男性来说，在他 60 分钟 10 千米的跑步中，大约 98% 的能量来自氧气系统，剩下的 2% 来自三磷酸腺苷、磷酸肌酸（ATP—CP）和乳酸（LA）系统。即使一个人的时间比 60 分钟慢得多或快得多，这些百分比变化也很小。因此，这个人的训练方案应该强调氧气系统。对于高中生长跑运动员来说，情况就不一样了。制订训练计划需要知道这一年龄段在这段距离的典型时间。例如，美国 2011 年高中女生的全国纪录是 400 米跑 50.69 秒，800 米跑 2 分 0 秒 07（1982 年）。在这一范围内的事件大约依赖于 60% 的厌氧代谢和 40% 的有氧代谢，随着性能速度的提高，更多地依赖于ATP—CP和LA厌氧系统。因为更快的时间是目标，她的训练应该强调无氧系统而不是忽视氧气系统。

对于所有运动员来说，有氧基础并不需要通过长跑来获得。其他项目，如间歇工作，可能更适合基本无氧的运动，如足球。这样的基础应在一般准备阶段（淡季）实现。这个基础为运动员更激烈和专业的无氧运动训练做准备，并帮助从无氧工作中恢复。为改善代谢而进行的最专门的训练应在专门的准备阶段（季前赛）进行。

对于那些不能用时间来衡量成绩的运动（如篮球、足球、垒球、网球和排球），必须分析这项运动的各个组成部分，以确定哪个能量系统支持它。例如，足球比赛的平均时间为4~7秒，而在一场60分钟的比赛中（尽管可能会持续3个小时）的总动作时间可能只有12分钟。因此，足球训练必须强调ATP—PC系统（4~7秒的范围）。在所有的情况下，训练的设计应该强调能量系统最重要的一个特定的运动或运动中的位置。

特异性也适用于主要的肌肉群和所涉及的运动模式。大多数生物化学训练适应只发生在肌肉反复训练的方式。因此，一个想成为铁人三项运动员的人如果在他或她的项目中强调骑自行车和跑步，但在游泳上花的时间很少，那么在双人全能比赛中就会更成功（就个人潜力而言）。

专门性是设计任何运动训练方案的一个关键组成部分。

生理适应是特定于所施加的刺激的，因此训练应该模仿比赛中所需的技能、肌肉群和能量系统。对表现背后的生理机制的认识是设计训练方案的基础。特定的实验室和野外测试允许对潜在表现的生理机制进行彻底的询问，并在整个训练周期中对适应性进行监控。

交叉训练缺乏专一性，不太可能增强训练的适应性。然而，交叉训练可能对恢复运动员体能有价值，并增加延长训练周期的多样性。特异性是一个复杂的概念，只有具备扎实的生理学基础知识才能恰当地应用这一训练原则。

（1）特殊性是训练原则之一。

（2）生理适应是特定于所施加的刺激的。

（3）具体应该解决三个关键领域：技能，肌肉群和能量系统。

（4）理解表现背后的生理机制是制订具体训练计划的基础。

（5）交叉训练不太可能提高成绩。

（6）交叉训练在康复运动员的治疗中可能是有效的。

（7）为了给运动员提供最好的生理支持，需要综合使用基于场地和实验室的评估。

二、个性化

（一）含义

个性化原则指的是人们对特定的训练刺激产生不同的反应。训练反应的可变性可能受到训练前状态、遗传倾向和性别等因素的影响。

训练中的个别化是当代训练的主要要求之一，它指的是每个运动员，不论成绩高低，根据其能力、潜力、学习特点和运动的特殊性进行个别化对待。应根据运动员的生理、心理特点塑造整个训练理念，使训练目标自然提高。并非所有的个体对特定的训练刺激都有相似的反应。例如，一个人在训练开始时的相对健康水平会产生更大影响。这个初值的子原则揭示了个体的低体能提供最大的训练改善。这一原则的运作适用于健康的个人、心血管疾病患者或高危人群。当一组相对相同的人开始运动训练时，不能期望每个人在10周或12周后达到相同的健康状态（或运动表现）。教练不应该坚持让同一队（甚至同一项目）的所有运动员以相同的方式或绝对的锻炼强度进行训练。最佳的训练效益发生时，锻炼计划集中于个人需要和参与者的能力。

（二）科学基础

遗传因素对训练反应和适应有很大影响。许多优秀的健美运动员公布了他们的训练计划，有抱负的健美运动员尝试去做这些训练，希望能达到同样的效果。遗憾的是，他们训练的结果往往达不到预期的结果。虽然可能有许多因素与他们的结果有关，但最主要的因素可能是人们对相似的训练刺激的反应拥有巨大差异。

个体化原则不是每个人都具有相同的内在能力来对一次剧烈的运动比赛做出反应，或相同的能力来适应运动训练。遗传在决定身体对一次运动的反应以及训练计划所产生的慢性变化方面起着重要作用，这就是个性化原则。除了同卵双胞胎，没有两个人有完全相同的基因特征，所以个体不可能表现出相同的反应。细胞生长速率、新陈代谢、心血管和呼吸调节、神经和内分泌调节的变化导致巨大的个体差异。这种个体差异很可能解释了为什么有些人在参加特定的项目后表现出很大的进步（"高反应者"），而另一些人在参加同样的项目后几乎没有改变（"低反应者"）。由于这些原因，任何培训计划都必须考虑到为其设计的个人的特殊需求和能力。不要期望所有的人都有完全相同的进步，即使他们训练得完全一样。

（三）应用要求

个性化不应仅仅被视为个人技术修正的一种方法，也不应被视为个人在某一项目或某一团队中位置的专门化，而应被视为运动员客观的评价和主观的观察进行的一种手段。教练应该意识到运动员的训练需求，最大化提高他（她）的能力。

很多时候，部分教练在训练中采用一种完全不科学的方法，按照成功运动员的训练计划进行训练，完全不考虑运动员的个性、经验和能力。更糟糕的是，这样的课程有时会被纳入初级运动员的培训计划中。这些运动员在生理和心理上都不适合参加这些高级项目，特别是强度部分。在专家的选择中，教练在训练中的有效性可以最大化，如果适当考虑某些规则，对运动员的工作能力和人格发展进行全面分析，是确定运动员最大努力容忍度的必要条件。教练应该在训练中相应地计划好负荷。性别、年龄、身体状况是个性化原则应用中需要考虑的。每个人所能取得的运动能力取决于以下几个因素：

1. 全面分析

对运动员的工作能力和人格发展进行全面分析，是确定运动员最大努力容忍度的必要条件。教练应该在训练中相应地计划好负荷。每个人的努力能力取决于以下因素：

（1）生理和实际年龄

特别是身体尚未成熟的儿童和少年。与成年运动员相比，他们的训练应具有更广泛的性质、多边性和中等强度。青少年可能更容易忍受中强度的训练，而不是高强度或重负荷。高强度和沉重的负荷都使他们的解剖结构不堪重负，尤其是骨骼（还没有骨化）、韧带、肌腱和肌肉。

（2）经验或参加体育运动的开始年龄

运动员的工作要求应与他（她）的经验成正比。虽然有些运动员的进步速度不同，但教练仍需谨慎对待所承担的负荷。同样，当不同背景和经历的运动员被分配到同一个组训练时，教练不应该低估他们的个性和潜力。

（3）个人工作能力和表现

并不是所有有相同表现能力的运动员都有相同的工作能力。决定工作能力的有几个生理和心理因素。康西尔曼（1971）提供了关于游泳运动员马克·施皮茨和约翰·金塞拉的工作能力和疼痛耐忍度的有趣的幕后例子。与施皮茨相反，金塞拉非常喜欢自我激励，他可以与施斯茨兹的表现媲美。

（4）培训和健康状况

训练状态决定了训练的内容、负荷和等级。同一水平的运动员在力量、速度、耐力发展和技能方面有不同的水平。这种不同证明了训练中个性化的需要。此外，强烈建议生病或发生事故的运动员进行个性化训练。因此，健康状况也决定了训练能力的极限。教练应该知道这些限制，只有教练和生理学家或医生的密切合作才能解决这一问题。

（5）训练负荷和运动员的恢复率

当计划和评价训练中的工作时，还有训练之外的其他考虑因素可能对运动员有很高的要求。在学校、工作或家庭的过度投入，以及到培训学校的路途距离，都会影响培训课程之间的恢复速度。同样，教练也应该了解生活方式和情感投入。在规划培训内容和重点时，必须适当考虑这些因素。

（6）运动员的体质和神经系统类型

这对培训负荷和性能能力都有重要作用。个人特征可以通过适当的测试来确定，为此，教练可以寻求相关专家的帮助。同样，教练也要研究和观察运动员在训练、比赛甚至社会活动中的行为。在学校或工作场所，或与家人、朋友的行为也可以为教练提供重要信息。在分析运动员行为方面，教练应该寻求生理学家和心理学家的科学帮助。

2. 适应能力

工作适应能力是个人能力的一个函数。虽然很少有关于训练需求的精确标准，但就儿童和青少年的训练而言，他们往往更容易适应中等强度的高容量训练，而不是低容量但要求很高的刺激。专家还提出，如果青少年不消耗所有的能量储备，并且还有足够的时间玩，那么他们就能适应日常训练。与成年运动员相比，儿童的神经系统相对不稳定，因此，他们的情绪状态有时变化得非常快。这种现象要求他们的训练和其他活动，特别是学校工作之间相互协调。此外，未来运动员的训练必须多样化，这样他们的兴趣和注意力才能更连贯地保持。为了提高良好的恢复率，训练和休息之间应该坚持正确的交替。这对于高强度运动尤其如此，在训练中要注意工作方法。

3. 性别差异

就训练的表现和个人能力而言，性别差异也起着重要作用，特别是在青春期。教练应该意识到个人的运动表现与个人的生理性别有关。

训练时应适当考虑解剖结构和生物学差异。女性往往能够承受强度训练，这种训练具有严格的连续性，不会有长时间的中断。但由于臀部的形状和大小以及腰部（下背部）区域的特殊性，必须适当加强腹肌训练。就耐力训练而言，男性和女性的主要区别在于他们所能承受的强度。女性训练和表现的变化需要考虑到月经周期，需要考虑到经期前后的荷尔蒙活动。荷尔蒙的变化与身体和心理的效率以及能力有关。我们应该更多地考虑年轻的女运动员，而不是年长、成熟的女性。和大多数年轻运动员一样，女性运动员训练应该从适度的训练开始，然后再进行更剧烈或更重的训练。训练量应该根据个人情况来确定。在许多情况下，在月经后阶段，训练效率被发现更高。分娩后，女性运动员只有在身体恢复正常活动后才能开始训练。定期恢复训练可以在产后第四个月开始，但比赛训练只能在产后第 10 个月之后开始。

训练中的个性化也指教练根据每个运动员的能力，为每个运动员制订个人的训练计划。这样的计划对于每节训练课也是必要的。虽然训练课的准备和结束可以在一个小组中进行，但对于训练课的主要部分，教练必须集中注意个人或具有相似身体和技术能力的小团体的需要。

第二节 超负荷与渐增负荷

一、超负荷

（一）含义

超负荷指的是必须进行超过正常数量（超载）的体育活动，以获得身体健康改善的基本原则。超负荷原则也称超载原则。

我国学者更多地称超负荷为适宜负荷。应当说，超负荷也是一种适应负荷。超负荷一般实际荷载超出了我们主观能承受的范围，但我们可以坚持下去。因此，超负荷的概念具有主观含义。正是如此，才具有指导实践的作用。

（二）科学基础

超负荷原则的基础是为了适应训练的发生，肌肉或生理成分的训练必须在一个不习惯的水平。例如，肌肉要获得最大的力量，即力量收益的最大化，那么肌肉就需要刺激的阻力强度高。力量练习一般要求的是3~5次重复的运动强度，如果超过了这个重复次数，那么力量增益可能不会最大化。比如，马拉松运动员如果训练的目标是使有氧能力最大化以跑得更快，那么训练强度必须接近或达到个人的无氧阈值。这可以用个人最大心率的百分比来表示。如果训练强度不够，没有达到要求的范围，那么可以导致提高有氧能力的生理适应就不会发生。

超负荷也是指训练刺激的强度和持续时间。运动训练必须有足够的强度和持续时间，才能激活适应机制，引起结构、生理、神经、心理和内分泌功能的改变。一方面，如果训练对身体没有足够的压力，就不会发生适应；另一方面，非常高的压力会导致受伤或过度训练，因此，任何新的增加负荷之后都应该有一个卸载阶段，在此期间身体放松，适应和准备新的增加的负荷。

（三）应用

1. 运动负荷高于正常值

定期应用过重特定运动负荷，可增强生理功能，诱发训练反应。强度高于正常的锻炼刺激高度特定的适应，使身体功能更有效。训练应达到适当的负荷要求、操作训练的频率、强度和持续时间与锻炼模式的重点。

个体化、渐进式超负荷的概念适用于运动员、久坐者、残疾人，甚至心脏病患者。后一组中越来越多的人采用了适当的运动康复来散步、慢跑。要想从定期体育活动中获得与健康相关的好处，需要比提高最大有氧健身所需的运动强度更低（但运动量更大）负荷。

代谢系统超负荷通过两种方式来实现：第一，通过控制时间和距离；第二，通过监测乳酸水平并相应地调整工作强度。最大摄氧量，虽然是一种衡量有氧力量和量化训练负荷的方法，但更多的是心血管而不是代谢变量。

2.动态运用高负荷

高负荷是相对的，在某一阶段可能是高负荷，经过一段时间的训练后，人体适应了该负荷，那么这一负荷就不是超负荷了。训练中要不断地调整负荷，适应人体新的状态。这就是后面要讨论的渐增负荷了。

二、渐增负荷

（一）含义

渐增负荷是指经过一段时间的训练后在原有最佳负荷的基础上，增加负荷继续进行新阶段的训练，训练不断重复，负荷随之不断增加的训练原则。在训练过程中，随着相对强度或训练量的变化，人体会发生适应的改变。为了保持相同的绝对训练刺激（如训练的强度或量），外部阻力需要不断地修改。

举个例子，如果一个运动处方要求一个人做4组8~10次的蹲坐练习，目标是让这个人的运动具有至少8次但不超过10次的阻力。在训练开始时，这个人可以蹲起135磅（约61千克），第一组重复10次，第二组重复9次，第三组和第四组都重复8次。几周后，这个人在四组训练中重复做了10次135磅（约61千克）的动作。显然，这个人变得更强壮了。为了最大限度地增加力量，需要在下一次锻炼中增加阻力，可能增加到145磅（约66千克）。这种应用累进超负荷的过程在整个训练计划中不断发生。

（二）科学基础

运动员任何成绩的大幅提高都需要长时间的训练和适应。运动员在解剖、生理和心理上对训练负荷增加的要求做出反应、改善神经系统的功能和反应、神经肌肉的协调和心理能力，以应付沉重训练负荷所带来的压力。

训练绩效的提高是在训练中完成的工作数量和质量的直接结果。从初级运动员到优秀运动员阶段，训练的工作量要根据每个人的生理和心理能力逐步增加。

（三）应用要求

在提高性能之前，需要有大量的训练量的积累，性能提高后要增加负荷。从一个训练步骤到另一个步骤，从一个训练阶段到另一个阶段，训练负荷增加必须小心地、逐步地执行。对于耐力性运动，特别是以增加生理潜能为主要训练目标的周期性训练，训练负荷增加量不宜过高。奥佐林（Ozolin）建议，负荷的增加应该在一个人最大强度的3%～6%，否则训练的量就必须减少，同时重复次数也要减少。在这种情况下，个人的工作能力不是根据比赛长短的需要而增加的，而是根据更短的比赛需要而增加的。

对于技术复杂程度高的运动，或开放式运动，如团队运动，体操和摔跤，其中技术和战术掌握是主要训练目标之一，增加的负荷可能是基于对运动协调的更高要求。可考虑改变技术动作的节奏，结合不同的技战术要素，引进新技术，改变外部条件（在球重、手腕重、脚踝或腰带、现场观众嘈杂等阻力增加的情况下进行）。

虽然训练负荷的增加是分阶段进行的，但在较长时间的训练计划中，负荷额定值曲线呈现出波动状，并随着训练成分的增加和减少不断变化而增强。在训练过程中，各种运动素质、运动能力和身体机能都有不同的发展速度或节奏。灵活性的改善所用的时间较短，为2～3个月，而心肺呼吸耐力的改善则需要更长的时间，可能长达12个月。就生物运动发展而言，奥佐林（Ozolin）提出了以下比例：

（1）灵活性每天都在提高。

（2）力量每周都在增强。

（3）速度每月都在提高。

（4）耐力年复一年。

上述能力获得所需的时间也有很大的不同：灵活性可能需要2～3天，力量发展需要一个微观周期，而耐力的功能基础发展需要一个宏观周期。

运动能力的增加就像是上台阶，台阶有高度和长度。训练负荷的增加量（台阶的高度）与适应阶段（台阶的长度）的比率，对于力量的发展比柔韧性的发展要低得多，而耐力的发展，比率将是最低的。虽然力量训练或耐力训练的步骤可能比复杂运动训练的步骤要难，但适应阶段要长得多，导致整体提高率较低。一般来说，训练任务越复杂、越困难，训练负荷（步高）的增加量就应该越低。训练负荷的增加也应由运动成绩的提高率决定。性能改进速度越快，所需的训练负荷就越重。否则，运动员将无法赶上当代的表现（达到当前最好运动水平）。

训练负荷的大小应该提高，在较小的训练周期和年度周期都要提高。训练的量和强度必须每年都增加，否则就会表现为停滞。专家在对苏联顶尖运动员进行系统调查的基础上指出，每年的训练量必须根据运动的特点增加20%~40%。然而，在大多数情况下，训练量的提高不是由运动员的应对能力决定的，而是由时间决定的，这意味着在很多情况下，时间是训练的一个限制因素。在任何情况下，由于提高运动员成绩的节奏和增加他每年训练负荷的指数之间似乎有高度相关性，因此，精心组织和分配足够的时间来训练是必要的。无论采用何种方法，教练和运动员必须增加每年的训练量，以达到效果。

如果在20世纪60年代，优秀运动员每周4~6节训练课是足够的，但对于现在来说是不够的。运动员为参加顶级国际比赛而进行的训练应该计划每天上两节课，在某些情况下，甚至是三节课。这样的增加将会扩大每周和每年的课程数量，从而导致身体和心理潜力的提高，最终促进表现。然而，训练课程数量的增加必须考虑到个人能力、适应能力、训练时间、表现水平以及不断交替的不同培训强度的需要。

超负荷训练和渐进式训练是所有训练计划的基础。根据渐进超负荷的原则，系统地增加对身体的需求是持续改善的必要条件。例如，在进行力量训练时，为了获得力量，肌肉必须超载，这意味着他们必须承载超过他们通常的负荷。渐进式阻力训练意味着当肌肉变得更强壮时，要么增加阻力，要么增加重复次数，或者两者都需要，以刺激进一步的力量增长。

举个例子，假设一名年轻女子在达到疲劳前只能做10次卧推，她使用了30千克的重量，通过一两个星期的阻力训练，她应该能够增加到14或15次来重复同样的重量，然后她又增加了2.3千克的重量，她的重复次数减少到8或10次。

随着她继续训练，重复次数也在不断增加；再过一两个星期，她就可以再增重5磅（2.27千克）了。因此，改善取决于重量的逐渐增加。同样地，训练量（强度和持续时间）必须随着无氧和有氧训练的增加而逐步增加，以达到进一步的改善。

因此，渐增负荷的关键是要把握负荷强度、负荷量、节奏（持续时间）三者之间的变化次序、节奏，获得训练效益的最大化。

第三节　减量训练

一、含义

减量训练是指在赛季结束时有计划地减少训练负荷，以提高成绩。所有运动项目都可以采用减量策略。这在耐力中很常见，如游泳、跑步和骑自行车。许多耐力运动减少了85%的训练量。减量训练的内容包括：

（1）通过减少每次训练的时间。

（2）减少训练的频率。

（3）减量的持续时间从1周到4周不等，绝大多数都是2周。

（4）减量训练的时机。

减量可以被定义为一种专门的训练技术，旨在逆转训练引起的疲劳，而不损失训练适应性。赛前训练的最后阶段是减少训练负荷，从而提高运动员的生理、心理和心理素质性能指标。一个成功的缩减阶段需要科学地计划，并且应该以在单一时间点优化性能的所有决定因素为目标。与"逐渐变缓"同义，因为"逐渐变缓"周期可以让运动员在重要赛事中运动状态达到巅峰。

减量训练的目的是通过控制训练量（强度、频率、持续时间）来达到一个训练高峰。最佳锥形所需的时间取决于如何操纵训练量。如果要达到最佳的减量，减少训练量和达到峰值所需的时间之间的平衡是至关重要的。缩减期过长或减少训练量过快，可能不能提供足够的训练刺激；缩减期过短或减少训练量不足，则不能给生理和心理充分恢复提供足够的时间。每一种情况都可能导致运动员运动状态"失去巅峰状态"，从而影响最佳表现，破坏原本精心设计的训练计划。因此，对于教练员、体育科学家和运动员来说，"减量"期是一个关键时期。

二、科学基础

减量是复杂而微妙的，需要对运动表现有深入了解，包括生理、心理、营养和技术方面。减量训练影响运动表现。许多研究都显示减量训练可以获得较好的运动表现，如力量、速度等均有提高。一项分析表明，在不改变训练频率或强度的情况下，训练量减少41%～60%的两周减量训练能获得最大运动表现。分析的结果还表明，训练强度对成绩没有任何影响。因此，减量即使不等同于运动员年度训练计划中的高峰阶段，也是非常类似的。缩减通常发生在竞争激烈的赛季，而巅峰阶段则是休赛期训练计划的最后一个中间周期。

有研究认为，"减量"可提高2%～3%的训练绩效。尽管身体机能改进可能是减量背后的驱动因素，但这些益处也可能是心理上或生理上的，因为训练量的减少给运动员一个不需要停止练习就能恢复的机会。缩短训练时间对力量和动力表现也有重要的影响。专家证明，短期（4周）减量可以使上半身和下半身的力量增加2%，但对能量输出没有任何影响。这对一个赛季的比赛情况有一定的影响。许多运动员会在赛季结束后到下个赛季的休赛期开始前休息一段时间进行恢复。一个减少的训练计划（类似于一个积极的恢复）将提供一种能力，以减少力量的损失，因为在比赛季节之间有一个脱训练期。一项针对精英皮划艇运动员的研究检验了为期4周的缩减（每周一次阻力训练和两次耐力训练）和为期5周的完全停止训练之间的差异。在减量期间，强度没有变化，而在无训练期后强度显著下降（约9%）。此外，减少训练时间比停止训练更能保持有氧运动能力。虽然成绩的提高很小，但对于优秀的运动员来说，成绩的提高可能意味着有更大机会赢得奖牌。

研究证明，经过21天的缩减后，一组经过高度训练的游泳者的游泳时间提高了3%～4.7%。有专家也报告了在2000年悉尼奥运会前3周游泳比赛中类似的结果，在3周的减量期间，成绩提高了1.1%～6.0%（平均2.2%）。

有专家对一组长跑运动员进行了为期7天的缩减训练，总训练量减少到之前训练量的15%，随后观察到5千米跑步机时间提高了3%。试跑阶段的训练主要是高强度的，以5千米或更快的速度间隔400米。研究者观察到，在一组800米跑步者中，进行为期6天的高频训练（每天训练），比赛成绩提高了2%。相比之下，进行中等频率收缩（每隔3天休息）的一组没有任何改善。这些数据表明，训练频率也应该被视为一个重要方面。

在一项40千米自行车计时赛的模拟试验中，一组耐力自行车运动员在7天的减量后提高了4.3%，减量阶段包括保持强度并逐步缩短锻炼时间。在同一项研究中，保持锻炼时间但逐渐减少锻炼强度的那组没有得到改善。在较短的时间测试（20千米）中，一组自行车运动员的成绩提高了5.4%，他们在7天的时间缩减中，基线训练量减少了50%，强度保持在85%VO_2max。相比之下，其他两组将训练量减少到基线的30%和80%，同时保持同样的强度，没有得到任何改善。

减量训练影响心率。许多研究者报告了不同的结果。有的研究者表明静止和次最大心率似乎不受减量阶段的影响。研究者表明，减量训练阶段静息心率下降3～4次每分钟。

减量训练不影响最大摄氧量。所有研究均显示，减量训练阶段最大摄氧量不受影响，但是其运动表现，特别是有氧能力不下降或提升。另外，渐减期间的生理适应包括Ⅰ型纤维体积和糖酵解酶功能、肌糖原含量、强度和功率以及性能有所提高。

三、应用要求

由于训练负荷或容量是强度、持续时间和频率的乘积，为了减少训练负荷，必须对训练的一个或多个方面进行操作。对训练负荷最有效的刺激是强度，在这方面的任何增加都会显著增加训练负荷。

需要注意的是，在减量后取得成功的运动成绩，有一个重要的心理和技术因素，而且上面所提到的成绩提高并不都是纯粹的生理上的。毫无疑问，心理峰值会对表现产生影响，教练、运动员和运动生理学家都应该注意到这一点。

尽管在这一领域的科学进展，仍有许多生理上的适应变化和它们的性能影响尚未解决。但是，可以肯定的是，将缩减期纳入训练方案将会大大提高运动员成绩。

减量训练是一种微妙而复杂的技术，需要精确地规划、监测和评估。如表2-3-1所示总结了可能有助于实现最佳性能的训练策略。

表 2-3-1　简化的减量训练策略

主要过程	具体安排
训练计划	确保精确的计划和监控
训练要素控制	维持或增加训练强度到大于或等于比赛强度（即 80%～100%）
	训练量减少 60%～90%
训练要素控制	训练频率维持在 > 80%
	指数递减设置为 4～28 天
	增加恢复的组数和重复数
注意事项	训练的专项化
	优化心理和技术
	尽量将减量方案个性化
方案评估	执行赛后评估，以便为未来的减量战略提供依据

在一项调查三种不同强度（高强度、低强度和休息）影响的研究中，一组训练有素的跑步者在一个水平的跑步机上以恒定的速度进行计时，直到跑到精疲力竭。结果在高强度训练后，从跑步开始到精疲力竭的时间显著增加了 22%，而在低强度训练或休息的训练中没有增加。训练强度是减量训练成功与否的关键变量。

由于训练强度是减量训练的关键"因素"，在减量过程中应该保持或增加训练强度，同时减少训练量，以便有足够的休息和恢复。减量训练的主要目标应该是尽量减少前一阶段累积的疲劳，而不是达到额外的生理适应。训练是因人而异的，因此，缩短训练的时间和类型在很大程度上取决于运动员个人以及运动的性质。

减量训练适应项目。尽管很多相关科学文献都与游泳、自行车和跑步等耐力运动有关，但也能将这种技术应用于其他团队项目、技能或力量的运动项目中。由于减量阶段而产生的生理适应，包括糖原储存和力量的增加，对多种运动有益。使用营养策略来进一步增加糖原储存（糖原超补偿）可能对一些运动也有价值，应该被视为减少阶段的一部分。

减量训练还应该注意的是，许多外部因素会影响训练效果，如果不加以控制，可能会对性能产生负面影响。例如，长途飞行和在不熟悉的环境中比赛，炎热、寒冷或海拔高的地方，情况尤其如此。减量训练的要点有以下几点：

（1）减量训练是一种专门的训练技术，旨在逆转训练引起的疲劳，而不损失训练的适应性。

（2）一个成功的缩减阶段需要科学计划，并且应该以在单一时间点优化性能的所有决定因素为目标。

（3）渐减有快、慢指数渐减，线性渐减和阶梯渐减四种类型。

（4）渐减期间的生理适应包括 VO2max 的增加、I 型纤维大小和糖酵解酶功能、肌糖原含量、强度和功率以及性能。

（5）外部因素，包括旅行疲劳和时差反应，可能会对有效减量产生深远影响。

（6）营养干预，包括糖原超补偿，在减量期间增加肌肉糖原含量，可能提高表现。

第四节 可逆性与周期性

一、可逆性

可逆性是指当停止参加定期体育活动或训练后，会发生人体生理机能提升和表现适应性的丧失现象，即停训或脱训后人体机能状态回复到训练前的状态。适应性是一种可逆的适应。身体适应较低水平的体力活动，就像适应较高水平的体力活动一样，这就是可逆性原理。当一个人停止锻炼时，在两个月内就会丧失 50%的健身效果。然而，并非所有的健康水平都以同样的速度逆转。力量健身是非常有弹性的，所以一个人可以通过做抵抗运动来保持力量健身，每周一次。与此相反，心血管和细胞健康状况的逆转更快，有时就在几天或几周内。如果必须暂时减少训练的频率或时间，可以通过保持训练的强度恒定来保持自己的健康水平。

有报道显示，仅仅一到两周的脱训就会降低新陈代谢和锻炼能力，许多训练的改善在几个月内就完全丧失了。一个研究小组让 5 名受试者连续 20 天卧床，最大摄氧量下降了 25%。与此同时，最大心搏量和心排血量也出现了类似的下降，最大力量平均每天下降了 1%；肌肉内的毛细血管数量减少了 14%~25%。另有研究针对脱训 4 个月的老年人，发现耐力训练对心血管功能和身体成分的影响基本消失。

即使在训练有素的运动员身上，多年运动训练的效果仍然是短暂和可逆的。出于这个原因，大多数运动员在赛季开始前几个月就开始了恢复训练计划，或者至少保持一些中等水平的休赛期、运动专项训练，以减缓因脱训而导致的生理功能下降。

二、周期性

（一）含义

周期原理于20世纪60年代提出，如今在阻力训练领域非常流行。周期化是改变训练计划中的一个或多个变量（模式、数量或强度）的系统过程，以使训练刺激保持挑战性和有效性。训练强度和训练量是训练中最常被操纵的方面。周期化包括高初始训练量、低强度，然后，随着训练的进行，运动量减少，强度逐渐增加。波动周期化在训练周期中使用更频繁。

周期性可以被定义为训练计划随时间的、有目的地变化。它以多边发展、专业化、多样化和长期规划的原则为基础。前三者是生理因素优化所必需的，而长期规划则为运动员和教练员提供了逐渐提高体能表现的时间。在最简单的周期化形式中，参赛者在日常训练中使用一个简单（困难）的模型。在更高级的形式中，训练被安排成大块的时间，时间可能是几天、几周、几个月，甚至几年。在每一个单元中，身体表现的一个特定元素（如身体素质、技巧等）被强调。作为构建运动员训练的一个框架，分期的实践有很大的价值。虽然训练暂时降低，但可以确保在每个训练期间完全恢复，以避免长期的性能下降。

在运动中取得优异成绩的必要性促使教练使用越来越有效和复杂的训练方法。通过应用周期化的原理可以更好地实现这一点，即当特定健身成分的水平增加时，需要更高的运动压力来产生超负荷并导致特定的生理适应。现代的阶段性理论在20世纪60年代早期得到了发展，当时教练意识到，专注于一项重要的比赛比让运动员为全年的比赛项目做准备更有效。科学数据表明，使用周期模型训练的运动员比使用非周期模型的运动员能取得的成绩更好。在大多数体育活动中的表现与骨骼肌的结构和代谢能力的改变直接相关。例如，周期性阻力训练会导致各种类型的肌纤维肥大，尤其是那些快速收缩特征的肌纤维。相反，有氧训练会导致线粒体数量和体积的增加（通过有氧运动途径产生能量所必需的），主要在慢肌纤维中。

（二）分类

利用周期化原理，将整个运动训练季节划分为更小的时间段和训练单元，从而实现有效训练。周期化允许随时间变化的训练负荷，使运动员在没有过度训练的情况下出现急性超负荷和过度伸展。

传统的分期开始于20世纪60年代，并在接下来的50年里在教练和运动员中流行起来。最近，出现了其他的方法，但几乎没有研究证实伴随它们而来的生理适应或运动表现改善。周期化，在其传统形式中，包括训练单位的计划顺序（较长和较短的疗程和周期，较高和较低的强度周期），以便运动员能够达到他们的期望表现。几十年来，周期化是基于层级的，包括：

（1）多年的准备（如为期4年的奥林匹克运动周期）。

（2）大周期（为期一个月的训练周期）。

（3）中周期（每周训练周期）。

（4）微周期（持续几天的周期）。

（5）个人训练课。

传统的周期化方案有两个主要缺点：一是，只适合用来帮助运动员在一次计划好的比赛中做好准备。近年来，高水平运动员在一年中参加多种比赛的趋势给传统的宏观、中观和微观周期设计增加了太多的复杂性。二是，传统的分期方案假设，所有的生理系统和技术涉及的运动是同时发展的。这种方法适用于跑步、游泳和骑自行车等运动，但不适用于球类运动、格斗运动和健美运动，这些运动需要的不仅仅是有氧能力、肌肉力量或冲刺速度等一般属性的发展。

从20世纪80年代开始，"训练模块"一词开始在训练有素的运动员和教练中流行起来。分块是高度专业化和集中工作的训练周期。虽然每项运动都不一样，分段周期化训练涉及以下几个方面：

（1）每个分段集中于最小数量的期望结果和目标能力。

（2）模块的数目很小（3~4个），不像传统的中环可能包含9~11个不同类型的小环。

（3）一个周期一般持续2~4周，适应性强，没有过度疲劳。

（4）将训练阶段按照适当的顺序进行，可以获得最佳的竞技运动表现。

分组分期的主要好处是与特定运动相关的许多能力可以连续发展，之所以关于这一主题发表的数据比较少，是因为它是比较新的研究，而且在运动和研究中很难比较结果。周期化的组成部分——训练周期。训练量和强度随周期呈反比变化，训练量的增加伴随着强度的降低，反之亦然。然而，每个周期的情况取决于比赛水平和特定体育赛事的具体要求。例如，在皮划艇比赛中，持续的长距离和有氧间歇训练占了大部分的工作，辅以一些中高阻力和中低容积重量的训练。随着赛艇运动员走向比赛，训练量减少，强度增加。没有证据表明，月经周期应该是女性选手训练计划周期性安排区别于男性选手的考虑因素。

最长的训练时间被称为宏观周期，这种情况可能会持续2个月到一整年。较小的称为中环，通常持续6~8周，包含在每个大循环中。最小的训练周期，即微周期，通常持续1周构成的周期。周期阶段如下：

准备阶段：这是一年周期中最长的一个阶段。在这一阶段中，应发展选定的耐力、技术和战术部分，以便为下一阶段做准备。它通常包括三个训练阶段，每个阶段持续4~8周。第一阶段的训练模式是一般模式，训练负荷从中到高不等，目的是运动成绩的持续发展。第二阶段，必须采用特殊的训练方法，负荷必须接近运动员的个人最好水平。第三阶段，需要从一般训练到特殊训练的明显转变，非常接近于实际的比赛。训练方法是严格针对特定运动的，而且负荷很高。在每一个训练周期结束时，教练和运动员都应通过已建立的实验室或实地测试来监测进展情况。

比赛阶段：这个阶段由比赛日期决定，可以是简单的，也可以是复杂的。通常分为两个阶段。第一个阶段，是为发展理想的适合度水平而预留的。第二个阶段，必须最佳地保持获得的适合度。通常包括三个小阶段：第一个是小竞争，第二个是再生的过渡周期，第三个是主要竞争周期。简单的比赛阶段持续2~3个月，而复杂的比赛阶段持续时间更长。

过渡阶段：这是在一年的艰苦训练和比赛之后的一个恢复阶段，通常持续3~6周。其特点是：训练负荷下降、缺乏竞争、维持获得的健康水平、"给能量电池充电"。

（三）生理基础

每个运动员对训练的适应速度是由基因决定的。每个人对相同训练压力的反应都不一样，对一个人来说过度的训练可能远远低于另一个人的最佳适应能力。因此，在设计训练项目时认识到个体差异是很重要的。最佳的训练包括遵循一个模型，包含周期的原则，因为身体需要系统地通过阶段训练不足、严重超负荷，以及为了最大化表现而过度努力。

过度训练指的是在不必要的高强度下进行的训练。它在调节性能方面很少或没有提供额外的改进，并可能导致性能下降和健康问题。训练量可以通过增加训练回合的持续时间或频率或两者同时增加来增加。许多研究表明，以标准训练量训练的运动员和以两倍训练量训练的运动员（训练时间为两倍或一天两次，而不是一天一次）在进步方面没有显著差异。训练强度决定了针对训练刺激所发生的具体适应。随着训练强度的增加，训练量必须减少，反之亦然。

周期化允许随时间变化的训练负荷，允许在不过度训练的情况下急性超负荷和过度伸展。虽然多年来众多学者对运动员的结构、生理和代谢特征已经进行了深入研究，但支持阶段性训练方案效率的生理机制仍不清楚。现有的科学数据主要集中于观察和比较周期化和非周期化培训方案。

大多数此类研究都是针对男性进行的，并在7～24周期间采用了力量和力量训练干预措施。具体来说，研究人员已经研究了训练量和强度的系统性变化与线性规划的关系，使用恒定集和重复的方法。结果表明，与运动前水平相比，这两种方法都能显著提高肌肉力量。但是，在接受阶段性方案的组中，其效果要比参加线性培训方案的组大。即使是在相对较短的培训制度中，有周期的培训方案也比无周期的培训方案在某些表现指数上产生了更大的适应性。

对于这样的结果，最合理的解释是不同类型的肌肉纤维的使用、神经的激活和利用了不同的能量路径，这是由训练强度和持续时间的变化造成的。人体肌肉是由人体中相当比例的慢肌纤维和快肌纤维构成的。此外，这种变化会导致所利用的能源发生类似的变化，这也可以作为能源系统的过载或恢复演练。

另一种解释是，与控制组相比，周期训练方法的优势可能是练习这些项目的小组报告了更高的训练负荷，最终带来了更大的适应性和性能改善。

（四）应用要求

并不是所有的运动或运动员都有相同的竞赛日程。例如，有些体育项目每年只要求参赛者参加一项主要比赛。支持这些需求的培训计划称为"单周期"。对于那些每年需要不止一个表现高峰的运动，需要不同的训练方法，而且这些高峰通常相隔数月。在一年内包含两个高峰的培训项目被称为"双周期"，在一年内包含两个单循环，两者之间有一个短暂的过渡阶段。为了在双周期比赛中达到所需的适应，比赛间隔必须超过 4 个月，在一个周期中，表现的水平可能较低，所以最重要的竞争应该发生在下个周期中。

当选手被要求在一年内参加三场比赛时，采用了"三周期"。每个高峰之后都需要一个卸载阶段，以便运动员为下一个周期进行再生。一年内出现三个以上峰值的运动项目不允许运动员进行适当的调整。

第三章 现代体能训练的新发展

本章介绍了现代体能训练新发展的情况,将主要从现代体能训练的学科基础以及现代体能训练的革新与发展这两个方面进行阐述。

第一节 现代体能训练的学科基础

现代体能训练必须建立在扎实的科学理论基础上才能进行,所以必须在进行体能训练时对相关各个学科的基础进行深入研究。本节将从生理学、心理学、营养学以及生物力学等方面对现代体能训练的学科基础进行深入的研究。

一、现代体能训练的生理学基础

(一)现代体能训练的生理本质

一切生物机体都具有"刺激—反应—适应"的基本特征,生物机体都是在"刺激—反应—适应"的反复作用的基础上获得发展的。这同样适用于体能训练,人体机能也在这样的不断往复中获得了一定程度的提升,从而促使体能进一步发展。

1. 运动负荷的本质

运动负荷是以身体练习为基本手段对有机体施加的训练刺激。对于这种训练刺激的反应,机体主要表现为生理和心理两个方面。通常所说的运动负荷是生理负荷,即机体在生理方面所承受的训练刺激。运动负荷通常会通过外部和内部两种形式表现出来。其外部表现为量和强度,内部表现为心率、血压、血乳酸等生理机能指标的变化。因此可以看出,刺激强度与运动负荷的大小成正比相关,即运动负荷越大,刺激强度则越大,所引起的机体反应也会相对越大,各项生理指标的变化也就会更为明显,反之亦然。

人体受到运动负荷的刺激,通常会出现耐受、疲劳、恢复、超量恢复和消退等机能变化方面的反应特征。一次体能训练课往往会引起的身体机能变化和反应特征如图3-1-1所示。

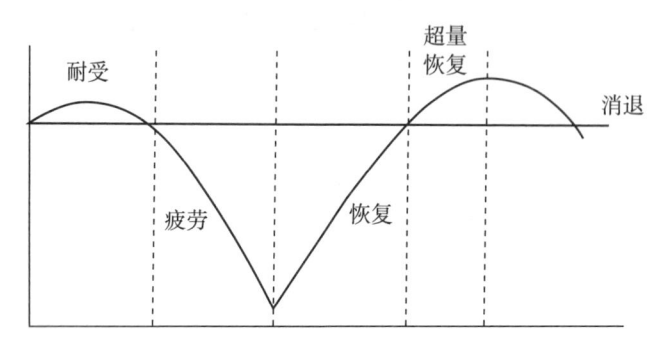

图 3-1-1 人体受运动负荷刺激的反映特征图

2.机体对现代体能训练负荷的适应与训练效果

（1）对训练负荷的适应性

应激性和适应性是机体的基本特征。机体对刺激具有反应能力和一定的适应能力，人体对运动负荷刺激的适应也同样具有这一特性。运动员通过长期系统的体能训练可促使机体各器官系统的形态、结构、生理机能以及生物化学等方面发生一系列的适应性改变。其中，较为常见的系统力量训练引起的肌肉肥大、肌纤维增粗和肌肉力量增长以及耐力训练引起的"运动性心脏增大"等，这些均反映了机体对长期运动负荷刺激的良好适应，也充分说明了运动负荷适应性的重要作用。

（2）训练效果

现代体能训练的本质就是通过反复的身体训练给予机体各器官系统一系列的生理负荷刺激，从而促进机体在形态结构、生理功能和生物化学等方面产生一系列积极的适应性变化。换句话说，这就是"刺激—反应—适应"的最终结果和充分体现。

体能训练后的恢复阶段，人体所消耗的能源以及酶等物质不仅得以恢复，而且会发生超量补偿；训练过程中所损伤的肌纤维不仅能够获得修复而且修复后的肌纤维有所增粗，并能产生更大的收缩力量。因此，恢复阶段有助于机体结构的改善和机能的提高。前者通常称为"结构重建"，后者通常称为"机能重建"。不断重复进行的"刺激—反应—适应"过程,不仅是身体结构与机能不断破坏与重建的循环过程,同时也是机体对训练负荷刺激的不适应到适应的过程。运动员应重视这一过程的科学性和合理性,以获得更好的体能训练效果。

(二)影响体能训练的生理学因素

1. 影响力量素质训练的生理学因素

影响运动员力量素质训练的生理学因素主要包括最大肌肉横断面积、肌肉初长度、肌纤维类型、神经因素,以及其他包括性别、年龄、激素等多方面因素。关于运动员力量素质训练的生理学因素以及力量素质训练的注意事项如下:

(1)最大肌肉横断面积

最大肌肉横断面积指横切某块肌肉,所有肌纤维所获得的横断面面积。最大肌肉横断面积是由机体肌纤维的数量及肌纤维的粗细来决定的,其通常用平方厘米表示。生理学研究表明,人体每平方厘米横断面积的肌肉在最大用力收缩条件下可以产生3~8千克的肌力。机体肌肉的最大横断面积与该肌肉的力量存在正比例的关系,即肌肉的最大横断面积越大,肌肉力量也就越大(图3-1-2)。

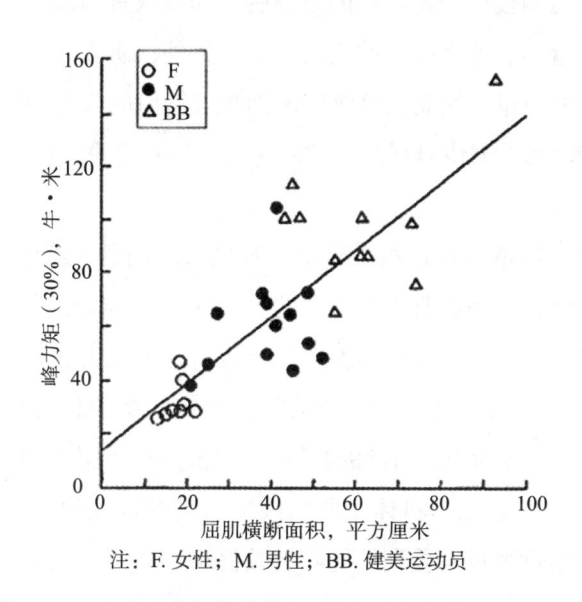

注:F.女性;M.男性;BB.健美运动员

图3-1-2 机体肌肉的最大横断面积与该肌肉力量的关系图

在现代体能训练中,运动员为了增强肌肉力量通常会进行相应的力量训练。力量训练的原理就是最大限度地增大运动员肌肉的横断面积。但值得注意的是,肌肉横断面积并不能完全解释力量训练中所表现出的所有生理学现象。

（2）肌肉初长度

运动员的肌力大小与肌肉收缩前的初长度也具有密切的关系，二者成正比例关系。通常情况下，肌肉收缩前的初长度越长，肌肉收缩的张力及缩短的程度越大。造成这一生理现象的原因主要表现在以下两个方面：

①肌肉本身具有弹性，在受到快速牵拉时可弹性回缩。

②肌肉拉长时，肌梭感知肌纤维长度变化而产生冲动，通过牵张反射机制提高了肌肉的对抗力，即用肌纤维的回缩的形式对抗肌肉被动拉长。在现代体能训练中，肌肉初长度往往会对运动员动作的充分发挥具有重要影响。

（3）肌纤维类型

依据肌肉的收缩特性进行分类，肌纤维可分为快肌和慢肌两种类型。二者相比，快肌产生的收缩力更大。因此，运动员的骨骼肌中快肌纤维百分比高、横断面积大、直径大，则肌肉收缩力量大，反之则肌肉力量小。

通常情况下，人体肌纤维的发展状况会在一定程度上受到遗传因素的影响，但是先天条件的影响较小，最重要的是受后天训练因素的影响。例如，在田径运动项目中，短跑运动员拥有较多的快肌纤维。另外，研究发现，快肌的纤维横断面积、快肌的收缩力量、慢肌的纤维横断面积、慢肌的收缩力量等可以在力量训练的影响下相应增加，但快肌纤维增加的速度比慢肌要快。

（4）神经因素

①中枢驱动。中枢驱动是指人体中枢神经系统动员肌纤维参加收缩的能力。在体能训练过程中，运动员肌肉收缩力的大小与参与运动的肌纤维的数量具有密切的关系，但并不是所有的肌纤维都在肌肉进行最大用力收缩时参加收缩。对于缺乏训练的运动员而言，机体只能动员肌肉中60%的肌纤维参加肌肉的收缩活动，优秀的运动员在运动中，肌肉的收缩可以同时动员肌肉中90%以上的肌纤维。中枢驱动作用是支配运动员机体中的肌肉的运动神经元放电频率（如图3-1-3）及其同步变化，通过力量素质训练能够有效提高运动神经元的放电频率，进而增强中枢驱动能力。

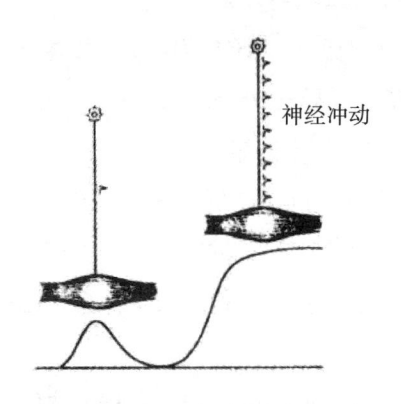

图 3-1-3　运动神经元放电频率图

②神经中枢对肌肉工作的协调及控制能力。在运动过程中，动作的完成是机体不同肌肉共同工作的结果，机体不同的肌肉群是在相应的神经中枢的支配下进行工作的。因此，运动员应注意改善机体神经中枢对肌肉工作的协调和控制能力，提高主动肌与协同肌、固定肌、对抗肌等之间的协调能力，使不同的肌肉群能协调一致地共同工作，才能发挥肌肉群的最大力量。研究发现，主动肌运动受力量训练的影响，力量训练可以提高肌肉在收缩时产生力量的大小。

③中枢神经系统的兴奋状态。中枢神经系统的兴奋状态会促使机体大量释放肾上腺素、乙酰胆碱等生理活性物质，进而促使肌肉力量增强。根据研究发现，人在极度激动或危险紧急情况下会发挥超大力量。产生这种现象的主要原因可能是机体发生了以下变化：

其一，人的情绪极度兴奋，导致肾上腺素分泌大量增加；其二，大量增加的肾上腺素提高了肌肉的应激性，同时，神经中枢发出了强而集中的冲动，机体的"储备力量"得到了迅速的动员。根据研究显示，儿童少年时期，力量训练能引起肌肉力量的大幅度增加，但肌肉力量增大的同时，肌肉体积的增长速度较为滞后。在力量训练的后期，机体肌肉力量的进一步增加会在很大程度上更加依赖肌肉体积的增长。这些内容表明，机体神经系统功能的完善，对肌肉功能的发育有重要的影响作用，而且适应机制在人体力量训练的不同时期表现也各不相同。除以上几种因素外，性别、年龄、激素等也是影响运动员力量素质的重要生理因素。

2.影响速度素质训练的生理学因素

速度素质主要包括反应速度、动作速度和位移速度。因此，分析影响速度素质训练的生理学因素也需要从这三个方面入手：

（1）影响反应速度的生理学因素

①中枢神经的兴奋状态。机体的反应速度受中枢神经系统兴奋状态的影响，其兴奋度越高，机体的反应速度就会越快。当然，如果运动员中枢神经系统的兴奋程度降低或者运动员处于过度疲劳状态或者休息不好等，那么运动员的反应速度就会下降。

②反射活动的复杂程度。反射活动的复杂程度决定反应时间的长短，其对机体的反应速度有着重要的影响。反应时是机体接受刺激与做出肌肉动作之间的应答时间。反应时的长短主要取决于感受器的敏感度、中枢信息加工时间以及效应器的兴奋性。

③刺激强度。机体的反应速度同样还受刺激信号强度的影响，信号对机体的刺激越强，机体对信号的反应越大。

④注意力集中度。机体反应速度受个体注意力的影响，注意的集中程度越高，机体的反应速度越快，反之，个体的注意力集中程度低则反应慢。

⑤遗传因素。反应速度受遗传因素的影响较大。根据相关调查研究，机体的反应速度中遗传力高达 75% 或以上。

（2）影响动作速度和位移速度的生理学因素

①身体形态和发育。运动员的身体形态和发育状况在很大程度上对其速度素质具有重要的影响，二者具有十分密切的关系。身体形态对速度素质的影响主要取决于运动员四肢的长度。如果其他条件相同，那么上、下肢的长度与该部位的运动速度成正比。一般认为，短跑运动员的身体不胖不瘦、下肢较长、跟腱长、踝关节较细，动作速度和位移速度快。

②能量供应。在现代体能训练过程中，人体肌肉收缩的速度主要受以下几个因素的影响较大：

A.肌纤维中动用化学能的速度与强度。

B.兴奋从神经向肌肉传导的速度与强度。

C.机体化学能转变为收缩机械能的速度与强度。

D.机体释放和分解三磷酸腺苷（ATP）的数量与速度。

速度的能力主要取决于磷酸原（ATP—CP）系统的无氧代谢供能能力。通过科学的体能训练，改善（ATP—CP）系统的供能能力，能有效地提高运动员的动作速度和位移速度。

③肌肉力量。从力学角度分析，加速度是影响一定时间内速度大小的决定性因素，而加速度大小取决于克服阻力做功的力量，力量越大，加速度就相应越大。对于人体来说，体重是需要克服的最大阻力，因而人体质量（体重）与加速度成反比。想要提高动作速度，运动员可以通过提高力量素质和减少人体质量带来的阻力两个方面实现。而我们知道，人体力量与体重之比是相对力量，因而，相对力量才是决定动作速度和位移速度的决定性因素。所以，相对力量越大，肌肉在运动时就越容易克服内、外部阻力。因此，影响肌肉相对力量的因素必定会对动作速度和位移速度产生影响。

④肌纤维百分比。研究表明，人体肌肉快肌纤维百分比与机体快速运动的能力成正比，速度性项目优秀运动员的机体快速运动能力比耐力性项目运动员的机体快速运动能力要高。优秀短跑运动员的快速运动能力惊人，其肌肉快肌纤维百分比可高达95%。

⑤神经系统的功能特点。神经系统对肌肉活动具有支配和控制作用。运动生理学认为，人体是在神经中枢活动高度协调的支配下，进行的各种形式的快速运动，即机体所表现出来的动作速度和位移速度。提高神经中枢活动的高度协调，能保证运动员在提高动作速度和位移速度的过程中，促进机体迅速组织必要的肌肉协作参与活动，抑制对抗肌（肌肉内部的阻力）的消极影响，从而表现出较高的运动速度。

研究表明，神经活动过程的灵活性可以影响机体的肌肉。主要表现在两个方面：其一，影响肌肉的猛烈收缩和随意放松的能力。后者是神经中枢合适的抑制状态作用的结果。运动过程中，充分放松肌肉的能力与长时间维持高速运动的能力成正比。其二，机体中枢神经系统兴奋与抑制转换的持续时间，会直接影响运动员在运动过程中转换速度的快慢，二者之间存在着密切的联系，具体表现为二者成反比例关系，即兴奋和抑制神经元之间的转换速度越快，转换持续时间越短。

⑥遗传因素。实践表明，运动员的动作速度和位移速度受个体遗传因素的影响很大。例如，50米跑速的遗传力为0.78，反应时的遗传力为0.75。

3. 影响耐力素质训练的生理学因素

运动员的耐力素质主要受其个性心理特征、运动技能水平以及战术应用等多种因素的影响。其中，影响机体耐力的生理学因素主要包括有氧耐力和无氧耐力。

（1）有氧耐力

①氧运输系统的功能水平。呼吸系统、血液、循环系统共同构成了人体的氧运输系统。氧运输系统的功能和任务主要完成运输氧气、营养物质和代谢的产物，对机体的有氧耐力有重要的影响作用。氧运输系统的功能水平也称最大氧运输能力（V_{O_2} max），主要受以下两方面因素的影响：

A. 血液的载氧能力。血液血红蛋白含量的高低会对血液载氧能力产生影响，研究表明，1克血红蛋白可以结合1.34毫升氧气，血红蛋白含量与同血液结合的氧气量成正比例关系。一般的，成年男性机体内每100毫升血液内，含有血红蛋白约为15克、氧容量约为20毫升，女性和少年儿童则较少。优秀的耐力项目运动员的血红蛋白含量可达16克/100毫升血液，血液的载氧量也比一般人多。

B. 心脏的泵血功能。最大心排血量（即心脏每搏输出量与心率的乘积）对心脏泵血功能具有较大的影响。最大心排血量与肌肉组织在单位时间内获得的血流量及单位时间内氧气的运输量成正比。研究表明，和一般的运动员或普通人相比，优秀的耐力项目运动员的心室腔容积大、心室壁厚，心脏每搏输出量也更大（优秀运动员为150～170毫升，普通人为100～120毫升），即使在高达200次/分钟的心率时，每搏输出量仍不减少，心肌收缩力也较大，射血速度也较快。

②神经系统的调节能力。对于运动员而言，良好的耐力基础需要符合以下几方面的要求：

A. 神经系统长时间保持兴奋性。

B. 神经系统具有良好的抑制节律性转换能力。

C. 运动中枢与内脏中枢具有较好的协调活动能力，以保持肌肉收缩和舒张的良好节律。

D. 运动器官和内脏器官之间应有良好的协调和配合。因此，有效改善神经系统的调节功能，使运动员的神经系统的活动可以更加适应耐力运动的需要，是运动员提高耐力素质的重要生理学基础和原因之一。

③骨骼肌的氧利用。骨骼肌的氧利用情况对耐力素质训练也具有一定程度的影响。运动员的氧利用状况主要表现为以下几个方面：

首先，人体的肌肉组织主要从流经其内部的毛细血管的血液中摄取和获得氧气。因此，生理学认为，肌纤维类型、肌纤维的有氧代谢能力对机体肌肉组织摄取和利用氧气的能力有重要的影响作用。在机体的肌纤维中，Ⅰ型肌纤维比例与其所在的肌肉的有氧代谢酶的活性、肌肉摄取和利用氧的能力成正比。实践证明，优秀的耐力项目运动员的慢肌纤维比例高，氧化酶的活性高，线粒体的数量多，毛细血管分布密度大，肌肉摄取和利用氧气的能力高。

其次，在影响耐力的机体机制中，心排血量是其中的核心影响因素，肌纤维类型的比例构成及其有氧代谢能力是次要的影响因素。

最后，机体在运动时，骨骼肌的氧利用能力受无氧阈的影响。以无氧阈的最大吸氧量比值为例，比值越高，肌肉的氧利用能力越强。一般人的无氧阈约为65%，优秀耐力运动员的无氧阈可高达80%以上。

④能量供应水平。研究表明，运动员在参加耐力性运动时，机体的大部分能量都来源于机体内部肌糖原和脂肪的有氧氧化。因此，机体的肌糖原含量不足以明显影响运动员的耐力水平，在运动前或运动过程中，通过合理训练而使机体的肌糖原储备增加、有氧氧化的能量利用效率提高、脂肪利用比例提高等，对提高运动员的耐力素质均十分有益。

⑤能量利用效率。在单位耗氧量条件下，机体在运动中做功的能力就叫作能量利用效率。根据相关研究证实，如果运动员的其他机体因素相同或相似的情况下，耐力素质高低的差异更多的是来自机体能量的利用效率，影响率最高时可达65%。根据考斯蒂尔研究发现，两个马拉松运动员的最大吸氧量相对值如果是相同的，并且他们在运动过程中均使用了85%，但能量利用效率高的那个运动员可以比另一人的成绩快13分钟。

（2）无氧耐力

①骨骼肌的糖无氧酵解供能能力。骨骼肌的糖无氧酵解供能能力对运动员的无氧耐力具有重要影响。肌糖原在运动中的主要作用是通过无氧酵解为机体提供能量，这也是运动中无氧耐力的主要能源的来源。在运动过程中，肌糖原的无氧

酵解能力主要受肌纤维百分构成以及糖酵解酶催化活性的影响。有学者经研究证实，不同代谢性质的运动项目中，运动员的肌纤维百分构成和糖酵解酶活性明显不同，这也是构成运动员无氧耐力差异的重要原因之一。

②肌肉对酸性物质的缓冲能力。对运动员而言，肌肉对酸性物质的缓冲能力影响着其耐受能力。细胞内以及机体内环境的理化性质的改变会影响机体的运动能力，尤其是影响机体的耐力。机体内部的理化性质的变化主要是由肌肉糖酵解引起的，H^+肌肉糖酵解的产物，它可以在机体的肌细胞内大量累积，甚至可以扩散到血液中改变血液的酸环境，进而导致肌肉中酸性物质增加，影响机体的耐力素质水平的正常发挥。在人体中，肌肉和血液中存在着缓冲酸碱物质，保持机体内环境pH值的稳定。这种缓冲物质是一种混合液，由弱酸（如H_2CO_3）、弱酸与强碱生成的盐（如$NaHCO_3$）按一定比例组成。研究表明，提高机体的耐酸能力是提高机体的无氧耐力水平的有效途径之一，当然，无氧耐力训练并不能直接提高运动员机体对酸碱物质的缓冲能力，而是训练提高和强化了运动员因酸碱物质产生的不适应感，从而提高了运动员的耐受能力。

③神经系统对酸性物质的耐受能力。神经系统对酸性物质的耐受能力在一定程度上影响着运动员的无氧耐力素质。从总体上来讲，人体的内环境是酸性的，安静状态下，人体血液的平均pH值为7.4，骨骼肌细胞液的pH值约为7.0。这是因为酸性物质在机体内积累的速度很快，肌肉和血液中存在的能缓冲酸碱的物质来不及进行足够的缓冲以维持酸碱平衡。在运动状态下，机体的骨骼肌细胞内和血液pH值会有所下降。其中，血液pH值可能降到7.0左右，骨骼肌细胞液的pH值可降到6.3。

经过相关实践证明，机体的神经系统不仅可以协调运动肌的驱动，还可以协调不同肌肉群之间的活动。这对于提高运动员的无氧耐力水平具有十分重要的作用。而研究表明，神经系统的以上两个协调功能会受到机体大量酸性物质的影响，合理与科学的无氧耐力训练有助于运动员在运动中提高神经系统的耐受能力，对抗运动中产生的大量酸性物质。

4.影响柔韧素质训练的生理学因素

（1）肌肉、韧带的弹性

影响运动员柔韧素质训练的直接因素主要是肌肉组织、韧带组织的弹性。不同年龄段、性别、训练程度的人，其机体肌肉组织、韧带组织的弹性是不一样的。另外，中枢神经系统的兴奋性也会在一定程度上影响肌肉组织的弹性变化。如在比赛中，运动员的情绪高涨，其柔韧性通常会比平时要好。

（2）神经过程转换的灵活性

神经过程转换的灵活性对运动员的柔韧素质具有十分重要的影响。人体在运动过程中，一方面，肌肉的基本张力与神经系统兴奋、抑制过程转换的灵活性有关，中枢神经系统对抗肌间协调性的调节、中枢神经系统对肌肉紧张和放松的调节等都能有效地提高肌肉的张力；另一方面，肌肉的张力与神经过程分化抑制的发展也有着密切的关系。因此，提高机体的柔韧性，必须重视对机体神经过程转换灵活性的训练。

（3）关节的柔韧性

关节的柔韧性与关节周围组织的大小密切相关。关节周围组织（肌腔、韧带、肌肉、皮肤等）的大小与伸展性、关节生理结构都会影响关节的柔韧性。在关节周围的组织中，肌腱与韧带有助于加固关节。一方面，肌肉可以从外部给予关节一定的加固力量；另一方面，韧带的抗拉性能将关节的活动限制在一定的范围内，避免关节在运动中受伤。对于运动员而言，发展关节的柔韧主要是对限制关节活动的对抗肌施加影响，使关节的对抗肌可以主动牵拉伸展，从而减少对关节活动范围的限制，提高关节的伸展度和柔韧性。此外，增进跨过关节的韧带肌腱和皮肤的伸展性则是运动员提高机体关节柔韧性的有效方式和重要方法。

（4）性别差异

从生理学角度分析，与男子相比，女子的柔韧性普遍较好。这是因为，男子的肌纤维长，强而有力，横断面积大，对关节活动范围限制较大；女子的肌纤维细长，横断面积小，伸展性好，对关节活动范围的限制较小。因此，在柔韧素质训练过程中，应区别对待。

（5）年龄特征

不同年龄阶段的运动员，机体的柔韧性会有很大的区别。其主要表现为以下几个方面：

① 0~10岁。从人的自然生长规律来看，初生婴儿的柔性最好。人体的骨骼在随着年龄的递增过程中，其韧性不断得到加强，人体的柔韧性会有所降低。因

此，在 10 岁以前就应给予一定的柔韧素质的训练，以不断提高人体自然增长的柔韧性。

②10~13 岁。人体的柔韧性相对降低。尤其是髋关节随着腿的前后活动多、肌肉组织增大而使左右开胯幅度明显下降。该年龄阶段，虽然人的骨弹性增强，但是肌肉韧带的伸展性仍有较大的可塑性，因此，应重点训练肌肉韧带的伸展性，以提高关节的柔韧性。

③13~15 岁。该年龄阶段为人体的生长期，人体的骨骼生长速度很快，肌肉的生长速度相对较慢，机体的柔韧性有所下降。这一年龄阶段应多做全身性的伸展训练，不要过分训练机体的柔韧性，以免造成拉伤。

④16~20 岁。在这一时期，人体的生长发育趋于成熟，在柔韧性训练中，可以适当地增加训练的运动负荷和训练难度，为机体获得专项运动所需的柔韧素质打好基础。

（三）现代体能训练效果的生理评定

长期系统的体能训练对运动员各器官系统的形态、结构与机能都会产生显著影响，从而形成运动员独特的身体形态和机能特征，这是机体对运动负荷刺激的良性适应结果，即训练效果。

关于系统训练的生理学适应特征，可以从安静状态下的生理学适应特征、运动状态下的生理学适应特征和运动结束后恢复期的生理学适应特征三个方面进行评定。其具体内容介绍如下：

1.运动员在安静状态下的生理学适应特征

经过长期系统地运动训练，在运动负荷刺激的作用和影响下，运动员的各器官系统，如运动系统、氧运输系统、神经系统等所表现的良好适应性最为明显。

（1）运动系统的特征

①骨骼肌。体能训练对骨骼肌的影响主要表现为肌肉的体积增大、横断面增大、肌肉力量增加等方面。这是由于体能训练尤其是力量训练可以促进氨基酸向肌纤维内部转运，使肌肉组织中收缩蛋白质的合成增加，从而引起肌肉肥大和肌力增长。

通过系统的体能训练可有效提高机体的抗氧化能力。研究发现，耐力训练可以提高肌组织超氧化物歧化酶（SOD）和谷胱甘肽过氧化物酶（GPX）的活性。肌肉抗氧化酶活性的提高也是骨骼肌运动性适应的重要生物学特征之一。另外，运动负荷、训练状态及抗氧化剂的补充等，也是影响肌组织抗氧化能力的主要运动性适应因素。根据相关实验研究证明，运动负荷大、训练状态良好，以及抗氧化剂的外源性补充都对机体抗氧化能力具有重要的作用。因此，要想增强机体抗氧化能力，一定要注意做好这几方面的准备工作。

②骨骼。体能训练对骨骼的影响主要表现在骨密度等方面的变化。由于每个运动员的实际情况不同，其训练水平、训练年限及运动项目就会存在一定的差异。因此，这样就会对骨密度造成不同的影响，使其产生不同的变化，并呈现出有差异性的特点。运动员所进行的运动是否科学、合理，也在很大程度上影响着骨骼的生长。适宜的运动可以有效地增加峰值骨量，减缓随年龄增长而发生的骨质疏松。研究表明，运动员骨矿物质含量依运动等级而有所不同，男子健将级运动员的骨矿物质/体重（BMC/BW）高于二、三级运动员，女子健将级运动员骨矿物质/体重（BMC/BW）高于一、二、三级运动员。由此可知，运动员的骨密度会随其训练水平的提高而不断增加。

不同运动项目的特点各具差异，对骨骼也会产生不同的刺激作用。因此，就会导致骨密度的生长也不一样。根据实验研究结果显示，投掷、摔跤等力量性项目的运动员骨密度最高，而耐力性项目运动员的骨密度最低。之所以会有这样的结论，主要是由于不同的运动负荷刺激对骨骼产生影响的途径不同，骨矿物质合成效应则不同。负荷强度与BMC/BW之间有着密切的关系，力量型运动项目的负荷强度高于其他项目，因此，BMC/BW处于较高水平。耐力运动还会对运动员的激素产生一定的影响，从而影响骨密度的变化。比如，过量的耐力运动可使女运动员血液中雌激素水平降低和男运动员血液中雄激素水平降低，导致骨代谢过程中骨的吸收大于骨的形成，从而使骨密度降低。此外，运动员身体不同部位的骨密度具有训练部位的特异性，即在运动过程中，长时间处于运动或用力状态的部位，该部位的骨密度要高于其他非运动或用力状态的部位。

（2）氧运输系统特征

①循环机能。体能训练对运动员的心脏形态结构和心血管机能都会产生十分显著的影响。其中，安静时心率缓慢和心脏功能性增大是主要的表现形式。优秀

的耐力项目运动员，其安静时的心率只有40～50次/分钟，甚至更低，表现出明显的机能节省化现象。

②呼吸机能。在呼吸机能方面，经过长期体能训练的运动员和没经过体能训练的人存在十分明显的区别。通常情况下，经过长期体能训练的运动员主要表现为：呼吸肌力量较强，肺活量大，呼吸深度和肺泡通气量大，气体交换的效率高，呼吸肌耐力较好，连续5次肺活量测定值（每次间隔30秒）逐渐增大或者平稳保持在较高水平。而没有经过体能训练的人则达不到如此良好的状态。此外，对于人体对呼吸运动的控制能力，通常是用闭气时间来衡量的，闭气时间的长短与运动员训练水平密切相关，运动员训练水平越高，闭气时间就越长，相反，训练水平较低，则闭气时间相对就会较短。体能训练可以提高人体对呼吸运动的控制能力。

③血液。与没有经过系统的体能训练者相比，经过长期系统训练的运动员的血液成分并没有很明显的差别，只表现在某些项目运动员的血液指标有所改变，如耐力性项目的运动员红细胞和血红蛋白数量增多，血液中某些酶的活性升高等。

（3）神经系统的特征

长期系统的体能训练对中枢神经系统机能会产生十分积极的影响。优秀的短跑运动员神经过程的灵活性高、反应时间短，而长跑运动员在神经过程的稳定性方面则相对较高。由此可见，安静状态下优秀运动员在身体形态结构和生理机能等方面都表现出良好的适应性变化，能够为训练效果的评定提供参考和依据。

不仅在安静状态下，经过系统体能训练的运动员能够显示出良好的机能特征，在从事运动时也能够表现出机体机能的动员、生理反应程度以及运动结束后的恢复过程方面明显的优势与特征。由此可见，神经系统对于氧的运输具有非常重要的作用和意义。所以，在评定体能训练效果时，通常将运动员在完成定量负荷和极限负荷运动时的生理指标作为评定的主要依据和标准。

2.运动员在运动与恢复期的生理学特征

（1）运动员对定量负荷的反应特征

一种限定运动强度（一般低于亚极限强度）和运动时间运动实验条件下的负荷，即为定量负荷。

①心肺机能变化较小。在心肺机能变化方面，经过系统训练的运动员和没有

经过系统训练者是有较为显著的差别的。其中，没有系统训练者主要是靠加快心率和呼吸频率来增大每分钟心排血量和肺通气量。经过系统训练的运动员完成定量负荷时心肺机能的变化较小，心率和心排血量较没有系统训练者低，心率增加的幅度较小，而每搏输出量增加较多，呼吸深度大，呼吸频率较慢。

②肌肉活动高度协调。肌电图研究显示，在完成相同的定量负荷时，经过系统训练的运动员的肌肉活动程度较小，主动肌、对抗肌和协同肌之间高度协调，肌电振幅和积分值较低，且放电节律清晰，动作电位集中并发生在动作时，在相对安静时动作电位几乎完全消失，表明有关中枢的活动高度协调。

（2）运动员对极限负荷的反应特征

在完成极限负荷运动时，要求机体充分发掘自身最大潜力，使相关的各器官系统机能达到最高水平。与没有系统训练者相比，优秀运动员的生理功能水平高，机能潜力大，表现出非凡的运动能力和对极限负荷的适应能力。通常情况下，评定体能训练效果的指标主要包括，如最大摄氧量、氧脉搏、最大做功量、最大氧亏积累等极限负荷运动时的生理指标（表3-1-1）。以下对这几项评定指标进行详细的介绍：

表3-1-1　各项生理指标对体能训练效果的评定值

测试组	最大摄氧量（毫升/分钟）	每搏输入量（毫升/搏）	心率（次/分钟）	动静脉氧差（毫升/分钟）	氧脉搏（毫升/搏）
没经过系统训练的运动员	3276	120	195	140	16.8
长跑运动员	4473	156	185	155	24.2

①最大摄氧量。最大摄氧量是反映心肺功能的综合指标，最大负荷运动时没有系统训练者只有2~3升/分钟，而优秀运动员可高达5~6升/分钟。

②氧脉搏。氧脉搏是指能够有效反映时，心脏工作效率的有效指标。研究表明，优秀耐力项目的运动员在极限负荷运动心率达180~190次/分钟，摄氧量可达最大摄氧量的90%~100%，氧脉搏平均达23毫升，相当于安静时的6倍。当心率进一步增加时，氧脉搏有下降的趋势。由此可见，尽管优秀运动员表现出较高的氧脉搏，但是，其心率水平却没有出现过高的现象，而是保持在相对比较适

宜的状态。由此可知，体能训练具有增强机体氧运输系统功能的重要作用，进而使得心脏的工作效率也有一定程度的提高。

③最大做功量。最大做功量是指受试者在递增负荷达极量时所完成的功。系统训练的运动员最大做功量和做功效率都明显高于没有系统训练者。与没有经过系统体能训练者相比，优秀的运动员在完成极限负荷工作时表现出较高的机能水平和运动潜力，并且在运动开始时，机体机能动员得快，运动结束后机能恢复得也快。

④最大氧亏积累。最大氧亏积累（MAOD）是指人体从事极限强度运动时（一般持续时间为2~3分钟），完成该项运动的理论需氧量与实际耗氧量之差。最大氧亏积累是衡量机体无氧工作能力的重要标志。

二、现代体能训练的心理学基础

（一）现代体能训练的心理学原理

影响运动员参加体能训练的心理因素主要包括运动知觉、心理定向、时间判断、思维、想象、注意力、情绪、意志、精神活动特点与个性特征等。

1. 心理定向

心理定向指的是动作开始以前，以及完成动作过程中心理的准备状态和注意的指向性。心理定向对于掌握和提高技术动作非常重要。准确的心理定向能够帮助人的动作在内容、结构等方面调整得完全符合技术特点，这样进行体能训练时就能够及时地在头脑中设计完成动作的模式，并依据模式进行自身的全部行动。

运动员在进行体能训练的过程中，练习方法和手段不同，会引导其形成不同的心理定向，而不同的预先心理定向对形成不同的技术特点和技术风格会产生重要的影响，这是由不同的运动员注意力的集中点不同所造成的。

2. 运动知觉

运动知觉是人脑对外界事物和人体自身运动状态的反映。它是一种由许多感觉要素构成的复杂知觉。人脑对外界事物运动状态的反映是客体运动知觉，人脑对自身运动状态的反映则被称作主体运动知觉。这两种运动知觉在体能训练中各有其独特作用。

运动员的体能训练是以运动操作为基础实现的,而准确、协调的运动操作,是以高度分化的运动知觉为基础的。因此,精确分化的运动知觉在体能训练中的作用非常重要,良好的运动知觉能够保证体能训练中做出各种各样的动作。

3. 情绪

情感是人体对客观事物是否能够满足自己的需要而产生的体验。情绪是情感体验过程的具体形式。心理学的相关研究表明,情绪对体能训练起着非常重要的作用,一般来说,良好的情绪可以起到"增力"作用,如明显地增强人的活动能力,使人体运动能力进一步提高等。而不良情绪的"减力"作用则是显而易见的,具体表现为精神不振、无精打采、心灰意冷、注意力不集中等。

因此,情绪对运动员进行体能训练的影响很大。如果运动员不带着稳定的情绪去参加体能训练,又不能很好地控制自己,则其很难掌握好动作技能。而倘若其情绪稳定、精神饱满、注意力集中、斗志昂扬,就一定能在体能训练中收获更多。

4. 意志

意志是人为了实现既定目标而支配自己的行动,并且在行动时自觉克服困难的一个心理过程。需要指出的是,意志与行动是作为一个整体而存在的。参与体能训练能使运动员拥有坚强的意志品质,运动员坚强的意志品质对于其掌握动作技能、增强身体素质等方面十分有益。具体表现在以下四个方面:

第一,运动员在体能训练中肌肉有时会处于非常高的紧张程度之下,并且需要完成各种不同难度的动作,此时,意志努力能够满足完成动作的需要。

第二,运动员在参加体能训练时需要高度集中注意力,在意志努力作用下,能够有效克服外部和内部刺激的不良影响。

第三,运动员在参加体能训练时由于机体各系统全面运转,容易导致疲劳,甚至产生运动损伤,意志坚强者能够克服由于疲劳和运动损伤而产生的消极情绪,并坚持长期参与体能训练。

第四,体能训练中的某些动作强度大、危险性高,会对运动员增添畏惧心理,而坚定的意志则有助于运动员克服这种畏惧恐慌的心理。

5. 注意力

注意力是心理活动对一定对象的选择性指向和集中,是一种心理状态。在进行体能训练时往往强调注意力的集中。

（二）体能训练的动机

1. 动机概述

（1）动机的含义

动机是个体的内在过程，在体能训练中指推动个体从事体能训练活动的心理及内部动力。

（2）动机的分类

①按动机来源分类。根据动机来源，动机可以分为内部动机和外部动机两种：

A. 内部动机，是以生物性需要为基础，通过对体能训练的积极参加而展示自己的能力，从而体验到强烈满足感的动机。内部动机能够吸取内部力量，能够从内部驱动运动员的行为。内部动机能够对人起到激发作用，其行为的动力就是运动员内部的自我动员。

B. 外部动机的基础是社会需要。运动员希望通过参与体能训练而来满足自身社会性需要的动机就是外部动机。外部动机能够吸取外部力量，能够从外部驱动人的行为，其行为的动力来自外部的动员力量。

C. 内部动机与外部动机的关系。内部动机与外部动机从实际上来讲是相互影响、相互促进的。外部动机对内部动机的影响可能是积极的，也可能是消极的。外部动机既能起到对内部动机加强的作用，也能削弱内部动机。

②按兴趣分类。按兴趣可将动机分为直接动机和间接动机。

A. 直接动机是指以直接兴趣为基础，指向体能训练过程本身的动机。一些运动员对于参加体能训练非常感兴趣，认为在体能训练过程中，能够将其潜力显现得淋漓尽致，使自己获得极大的满足，受到这种思想驱动的动机就是直接动机。

B. 间接动机是指以间接兴趣为基础，指向活动结果的动机。一些运动员对体能训练本身的兴趣并不是很大，仅认为这是为了在训练过程中获得良好效果所必须克服的困难，这种动机就是间接动机。

（3）动机的作用

动机通常能发挥以下三种作用：

①始发作用。即动机具有引起和发动个体活动的作用。

②强化作用。即动机是维持、增加或制止、减弱某一活动的力量。

③指向或选择作用。即动机可引起和发动个体活动的方向。

2. 动机的产生

动机的产生有以下两个必要条件：

（1）内部条件

个体因缺乏某种东西而引起内部的紧张状态就叫作内部条件。这种状态能够使人产生愿望，并推动行为，使人产生做事的动机。

（2）外部条件

个体之外的各种刺激统称为外部条件，各种生物性和社会性的因素都可称作外部条件，外部条件能够引发外部动机的产生，对运动员有着重要的影响作用。

3. 动机的培养与激发

（1）满足运动员的各种需求

①追求刺激和乐趣的需要。在体能训练过程中，如果进行得非常枯燥，就会导致运动员失去练习的乐趣，导致其运动动机的下降。因此，在体能训练过程中，应当注意以下几点：

A. 要使运动员的能力与练习难度相符。

B. 要使练习在方法和手段上更加多样。

C. 要让所有的人都积极参与。

D. 要允许运动员在练习过程中有更多的自主权。

E. 练习中的任务分派要符合不同运动员的特点，使其完成任务不会感到吃力，并且享受其中的乐趣。

②获得集体归属感的需要。任何人都有归属的需要，甚至对于一些人来说，体能训练的参与目的就是要在集体当中找到归属感。其参与动机就是渴望能够归属于他人、为他人所接受，他们更需要集体带来的心理安慰，而不是有明确的目的。因此，在体能训练过程中要以集体成员的资格作为激励来激发这一类运动员的参与热情，运用集体的行为规范、目标以及集体的荣誉感来激发，使他们的运动动机更为强烈。

③展示自我的需要。在体育运动中，展现自己的价值是很多人追求的目标。这种需要的特点往往取决于运动员，因而从这一角度可以将运动员分为成功定向

与失败定向两类。运动员非常重视自我价值感这一精神财产。在运动中充分展示自己的才能能够让运动员勇于承认自己的价值，甚至他们只要自认为有价值、有能力就能得到极大的满足。

而失败定向的学生则需要教练员帮助其确立正确的目标，要通过一些积极有效的措施和手段对其需要进行满足，这样才能真正有效地激发和培养他们的内部动机。

（2）运用强化手段培养动机

强化是对于可接受的行为给予奖励或撤除消极刺激的过程。正确使用强化手段可以激发外部动机，同时对内部动机也是非常好的培养。但是，如果运用不得当，强化手段可能又会对内部动机和外部动机造成破坏。通常强化的效果要强于惩罚的方法，但是，适当的时候也要运用惩罚手段。运用强化手段培养动机时，有以下几点需要注意：

①对应获得奖励的行为和条件进行规定。奖励要有度，不能使运动员觉得自己被控制。

②最好对达到标准的优异表现进行没有规律的强化。

③运动员间的相互强化值得鼓励。

④运动员必须明白奖励并不是目的，而是能力、努力和自我价值的标志。

（3）依从、认同和内化方法培养动机

①依从方法。依从方法就是利用外部奖励和惩罚来激发运动动机的方法。依从方法对一些尚未建立起良好的行为习惯、自我观念比较淡薄的运动员是激发其动机的最佳手段。

②认同方法。利用教练员与运动员之间的关系来对运动员的运动动机进行激发，这种方法就是认同方法。认同方法是依从方法的一种隐蔽形式。要成功利用认同方法，教练必须维护好与运动员的关系，让运动员遵从要求成为一种自觉行为。

③内化方法。通过启发信念与价值观来激发内部动机的方法就是内化方法。在运用依从方法、认同方法以及内化方法激发运动动机时，应注意以下几点：

第一，随着运动员年龄的增长和心智的成熟，内化方法是最适宜、最有效的方法。

第二，在运动技能发展的初级阶段，依从方法是最为有效的。

第三，运动员不同的归因控制点，使得激发其运动动机时，也应运用不同的方法。

第四，对于以上方法均不适用的运动员，应根据其目标来选择激发其动机的方法。

（4）自我调整以引发动机

大量的实践表明，使别人适当控制自己的生活，能够有效地加强动机，提高成就，使责任感和自我价值感得到非常大地发展。这对于运动动机的培养和激发是非常重要的。在体能训练中，教练员的练习过程安排往往是最适合于运动员发展的，但比教练员更了解自身情况的人还是运动员自己。他们如果能够学会自己设置训练计划，那么可能使训练计划变得更加完善。

因此，教练应根据运动员的能力和水平，适当地下放权力，对运动员的责任心、自觉性和决策能力进行培养。教练员下放自主权，以使运动员自我引发动机时要注意以下几点：

①要有选择地下放自主权，其主要根据就是运动员的能力和水平。

②教练员应具有移情心。移情心是指一种会站在运动员的角度来观察和思考问题的能力。

③权力下放后仍应耐心地帮助运动员进行决策，但不要急于求成，过分指导。

（5）变换训练方法以引起动机

对体能训练的环境进行适当地改变是培养与激发体能训练动机的间接方法。环境的改变包括物质和心理两个方面。物质环境的改变可以从练习场地、练习设备条件等方面入手，而对心理环境的改变则可以取消对运动员的消极评语，对运动员分组进行适当改变，改变传统的练习方法等。

三、现代体能训练的营养学基础

（一）现代体能训练中糖类的消耗与补充

糖类又称"碳水化合物"，可以分为单糖（包括半乳糖和葡萄糖）、双糖（包括蔗糖、麦芽糖、乳糖）和多糖（包括纤维素、淀粉、糖原、果胶）三类。

1. 糖类的营养功能与来源

（1）糖类的营养功能

①供给能量。糖类在体内最重要的营养功能就是供给能量。糖是人体最经济的热能来源，它在体内可迅速氧化及时提供能量。脂肪和蛋白质氧化供能受机体氧供条件的限制，但是，肌糖原在肌肉活动时能快速氧化供给能量，不受机体氧供条件的影响和制约，就能满足机体需要。

②构成神经和细胞的主要成分。糖是一种重要的机体构成物质，在所有的神经组织和细胞核中都含有糖的化合物。糖蛋白不仅是细胞的组成成分之一，而且还是结缔组织的重要组成成分，糖脂、核糖和脱氧核糖核酸参与构成神经组织。

③抗生酮作用。脂肪在体内氧化靠糖类供给能量。如果糖类供给不足，脂肪就氧化不全，即产生酮体，酮体在体内积存过多，会引起酸中毒。所以，糖类有抗生酮的作用。

④保肝解毒作用。糖与蛋白质结合成糖蛋白，通过保持蛋白质在肝中的储备量，摄取充足的糖量，能够使肝糖原的储备量有所增加，从而使肝对某些化学毒物等有毒物质的解毒作用进一步加强。糖原对各种细菌引起的毒血症也有解毒作用。由此可见，糖原不仅能够保护肝脏，使其不受有害因素的损害，而且还能使肝脏保持正常的解毒功能。

⑤促进蛋白质的吸收和利用。糖对于蛋白质在体内的代谢过程有重要作用。当糖和蛋白质同时食用时，有利于氨基酸的活化以及蛋白质的合成，这种作用就是糖节约蛋白质的作用。

⑥维持心脏的正常生理活动。心脏活动的正常维持离不开磷酸葡萄糖和糖原的热能供给。由于神经系统中只能储存很少的营养素，所以只能利用葡萄糖进行热量的供给。因此，神经系统热能的唯一来源是血中葡萄糖。当血糖降低，就会降低心脏和肌肉的工作能力，严重者还会出现昏迷、休克，甚至死亡。

（2）糖类的主要来源及供给量

①糖类的主要来源：糖的主要来源是粮食（米、面、玉米等）、豆类和根茎类食物（甘薯、马铃薯等）中所含的淀粉。我国人民的膳食习惯是多糖膳食，糖在膳食中的比例较高，一般情况下没有必要在膳食之外再另补充糖。

②糖类的供给量：糖的供给量与消耗量应根据工作形式和劳动强度而定，劳

动强度越大、时间越长，糖的需要量就越多。一般情况下，糖占每日总热量供给量的60%～70%。

2. 糖类的消耗

糖类是体能训练时热能的主要来源之一，它在实际体能训练中的利用程度决定了体能训练者是否能具备良好的耐久力，从而顺利完成规定的体能训练强度，达到一个很好的体能训练效果。糖类易消化、耗氧少，代谢的产物主要是水和二氧化碳，在体能训练时会随时被排出，补充不及时，就会形成供需脱节，在没有及时补充而又继续体能训练的情况下，对糖类的大量需要只能来自体内贮备的糖原，从而造成糖原枯竭，对于体能训练者来说会造成不良影响。

3. 糖类的科学补充

（1）补充糖类的意义

在现代体能训练过程中进行科学的糖类补充，具有非常重要的意义。具体来说，主要体现在以下几个方面：

①高水平的糖原储备能够进一步提高运动者的抗疲劳能力。除此之外，运动前或赛前进行糖类补充，在优化肌肉和肝脏糖原储备、运动时血糖稳定的维持，以及保障1小时内快速运动能力和长时间运动末期的冲刺力方面，都具有非常重要的作用和意义。

②在进行现代体能训练过程中进行糖类的补充，不仅能够使糖代谢环境得到显著改善，保持运动中血糖浓度，维持高的糖氧化速率，节省肝糖原，减少蛋白质的消耗，而且还能够进一步提高运动能力。因此，补充糖类具有非常重大的意义。

③坚持长时间在体能训练过程中进行糖类补充，还可预防和延缓中枢性疲劳的发生。

④糖类的及时补充，其意义还体现在维持血糖浓度、减少应激激素、稳定免疫功能等方面。

⑤在进行体能训练后进行糖类的补充，在肝糖原和肌糖原的合成与储存的加强、疲劳消除和体能的恢复、促进等方面意义重大。

（2）补糖的方法

运动前补糖的方法有两种：一种是在大运动负荷训练和比赛前数日，将膳食中碳水化合物占总能量比增加到60%～70%（或10克/千克体重）；二是在运动前1～4小时补糖1～5克/千克体重，固体糖和液体糖均可，但运动前1小时补糖最好使用液体糖。

运动中补糖：一般采用液体糖，同时应遵循少量多次的原则，每隔30～60分钟补充一次，补糖量一般不低于60克/小时。

运动后补糖：原则是补糖越早越好。最好在运动后即刻或头两个小时内以及每隔1～2小时连续补糖，补糖量为0.75～1克/（千克体重/小时），24小时内补糖总量达到9～12克/千克体重。

（二）现代体能训练中蛋白质的消耗与补充

蛋白质是生命的物质基础，是由氨基酸组成的高分子化合物。蛋白质主要由氧、碳、氢、氮四种元素构成，氨基酸是身体用来组建蛋白质的基本单元。

1. 蛋白质的营养功能与来源

（1）蛋白质的营养功能

①构成机体组织与细胞的主要成分：血液、肌肉、骨、皮肤等都由蛋白质参与组成。另外，蛋白质还对机体生理功能起到调节作用，能够使酸碱平衡得到有效保持。人体每天所需要热量的10%～14%来自蛋白质。

②供给能量：蛋白质除了能够在糖和脂肪供给热量不足的情况下氧化分解放出热能外，在正常代谢过程中，陈旧破损的组织和细胞中的蛋白质还会分解释放出能量。另外，体内蛋白质更新分解代谢中也能放出能量。由此可见，蛋白质能为身体提供能量。

③构成酶和激素的成分：蛋白质是许多具有生理功能物质的主要组成成分。酶本身就是蛋白质，酶在正常体温的情况下，广泛参加人体各种各样的生命活动，如肌肉收缩、血液循环、呼吸消化、生长发育和繁殖以及各种思维活动。此外，对代谢过程具有调节作用的激素、承担氧运输的血红蛋白、进行肌肉收缩的肌动、肌球蛋白和构成机体支架的胶原蛋白等本身都是蛋白质。

④构成免疫作用的抗体：一类球蛋白是具有免疫作用的抗体，在体内和病原体（即抗原）起免疫反应，从而就能起到保护机体免受细菌和病毒侵害，提高机体抵抗力的重要作用。

⑤维持酸碱平衡：在维持体内酸碱平衡和水分的正常分布方面，蛋白质也具有非常重要的作用。

（2）蛋白质的主要来源及供给量

①蛋白质的主要来源：蛋白质的最好来源是动物性食物和植物性豆类食物。动物性蛋白与植物性蛋白相比较，具有更大的优越性。它所含的氨基酸的组成方式和人类的蛋白质相类似，营养价值也高，故称"优质蛋白质"。

②蛋白质的供给量：蛋白质在体内的储存量甚微，营养充分时可储存约1%。蛋白质的需要量与机体的活动强度、肌肉数量的多少、年龄及不同的生理状况等条件有关。蛋白质的供给量一般成人应占热能供给总量的10%~12%。

2. 蛋白质的消耗

一般来说，蛋白质在运动中供能的比例最小。蛋白质在运动中供能的比例取决于运动的类型、强度、持续时间及体内肌糖原的状况。体内肌糖原储备充足时，蛋白质供能仅占总消耗的5%左右，肌糖源耗竭时可上升到10%~15%，在一般运动情况下，蛋白质提供6%~7%的能量。骨骼肌可选择性摄取支链氨基酸（亮氨酸、异亮氨酸和缬氨酸）在长时间耐力型运动中进行氧化供能。

3. 蛋白质的科学补充

（1）补充蛋白质和氨基酸的意义

体能训练时，蛋白质的功能主要有：帮助损伤的组织快速修复和再生；调节许多代谢过程，如体液平衡、酸碱平衡、营养素的输送等；促进抗体、补体和白细胞的形成，提高免疫机能；促进肌肉蛋白质合成，增强力量等。由此可知，蛋白质、氨基酸缺乏都将削弱体能训练机能，所以，补充优质蛋白质和某些特殊氨基酸，对提高体能训练人体代谢能力具有重要的作用。

（2）补充蛋白质的方法及要求

进行耐力体能训练的人，当食糖和能量摄入充足时，每日蛋白质需要量是1.0~1.8克/千克体重。体能训练水平越高，需要量增加越多。力量性项目体能训练者蛋白质供给量要比普通人多。力量体能训练者在轻量体能训练时每日需要蛋白质1.0~1.6克/千克体重。

（三）现代体能训练中脂肪的消耗与补充

脂类是人体的重要组成成分，主要由碳、氢、氧三种元素组成。

1. 脂肪的营养功能与来源

（1）脂肪的营养功能

①促进脂溶性维生素的吸收和利用：鱼肝油和奶油富含维生素 A、维生素 D，许多植物油富含维生素 E。维生素 A、维生素 D、维生素 E 和维生素 K 是脂溶性维生素，脂肪能促进这些脂溶性维生素的吸收。

②构成一些重要生理物质：细胞膜的类脂层主要由磷脂、糖脂和胆固醇构成；而合成胆汁酸、维生素 D 和类固醇激素，又需要胆固醇这一原料。

③供给能量：脂肪是产能量最高的一种热源质，脂肪在体内氧化所产生的能量是糖类和蛋白质的 1.25 倍。脂肪占用空间小，可以大量储存在腹腔空隙和皮下等处。人在饥饿时首先动用体脂来避免体内蛋白质的消耗。

④保护内脏器官，形成皮下脂肪以维持体温：脂肪能够填充衬垫、支持和保护固定体内各种脏器和关节。还能阻止外界热能传导到体内，有维持正常体温的作用。

⑤增加食物的美味和饱腹感受。

（2）脂肪的主要来源及供给量

①脂肪的主要来源：脂肪主要来自动物性食物，如猪油、奶油及蛋黄等，也来自植物性食物，如大豆、芝麻、花生等。

②脂肪的供给量：每日膳食中有 50 克脂肪就能基本满足人体的需要。一般认为脂肪应占每日热能供应量的 17%～20%，不宜超过 30%。

2. 脂肪的消耗

运动强度不同，脂肪的动员和供能也不同。当运动强度为 25% 最大摄氧量（VO_2max）时，脂肪组织动员利用的脂肪供能量多，随着运动强度的不断增大，呈现减少趋势。而骨骼肌脂肪在 25%VO_2max 强度时利用减少，当强度达到 65%VO_2max 时，动员利用最多，在 85%VO_2max 强度时出现减少。此时，机体主要利用碳水化合物供能。

3. 脂肪的科学补充

如果长时间进行体能训练，并且氧充足，那么，这时候为其提供能量的就是脂肪。一般来说，在运动强度小于最大耗氧量 55% 时，脂肪酸才能氧化供能。由于体能训练的强度较大，如果长时间进行体能训练，那么，就会导致体内三酰甘油和低密度脂蛋白胆固醇有一定程度的减少，但高密度脂蛋白胆固醇增多，这对于动脉硬化及冠心病等的预防和治疗非常有利。除此之外，对于长时间的体能训练，在脂肪组织中的脂肪酸游离出来参与供能，以及运动造成的机体热量负平衡等方面，都能起到非常积极的推动作用。另外，在运动者体内脂肪的减少方面，进行科学合理的脂肪补充也能起到积极的促进作用。

（四）现代体能训练中维生素的消耗与补充

维生素又称"维他命"，是维持身体健康所必需的一类有机化合物，是人类食物中不可缺少的物质。人体自身不能合成维生素，必须由外界的食物提供。维生素由碳、氢、氧等元素所组成。

1. 体能训练与维生素 A

维生素 A 是形成眼视网膜中视紫质的原料，具有保护角膜上皮防止角质化的作用。如果缺乏，往往会导致夜盲症、眼干燥症等疾病的发生。因此，视力要求较高的运动项目，如射击、射箭、乒乓球、跳水等，对维生素 A 的需要量比较高，一般运动员维生素 A 的推荐摄入量为每日 1500 微克，视力活动紧张项目为每日 1800 微克。维生素 A 长期大量摄入可引起中毒，不可补充过多。动物肝脏、深黄色或深绿色蔬菜、红黄色水果、蛋黄等食物中富含维生素 A。

2. 体能训练与维生素 B

维生素 B 是糖代谢中丙酮酸等氧化脱羧所必需的辅酶的组成成分，其还与神经递质乙酰胆碱的合成与分解有关。维生素 B 缺乏时，运动后的丙酮酸及乳酸堆积，使机体容易疲劳，并可引起乳酸脱氢酶活力减低，影响骨骼肌与心脏的功能。

运动员很少出现严重的维生素 B 缺乏症，一般仅发生维生素 B 不足或边缘性缺乏。我国运动员维生素 B 的推荐摄入量为 3~5 毫克/天，高于我国普通成年男女的膳食参考摄入量（分别为 1.4 毫克/天和 1.3 毫克/天）。维生素 B 主要来源为米、面、核桃、花生、芝麻和豆类等粗糙粮食的胚芽和外皮部分，故加工越精细，损失越多。另外，瘦猪肉、动物肝脏等物质中也含有维生素 B。

3. 体能训练与维生素 B_2

维生素 B_2 是构成体内多种呼吸酶的辅酶的成分，与体内的氧化还原反应和细胞呼吸有关。维生素 B_2 缺乏的运动者，容易出现肌肉无力、耐久力受损害、疲劳等症状。我国推荐运动员维生素 B_2 的适宜摄入量为 2.0~2.5 毫克/天。维生素 B_2 主要来源于动物肝、肾脏、青菜等食物中。

4. 体能训练与维生素 C

维生素 C 具有很强的还原性，参与氨基酸和蛋白质的代谢。运动使机体的维生素 C 代谢加强，短时间运动后血液维生素 C 的含量会升高，但长时间运动后会下降。不同的运动负荷后，不论血液中维生素含量是升高还是下降，组织维生素 C 均表现为减少。运动机体维生素 C 不足时，白细胞的吞噬功能下降。运动者在过度训练时，血液维生素 C 的水平和白细胞吞噬功能都下降。维生素 C 还有消除疲劳、提高耐力以及促进创伤愈合等作用。

维生素 C 分布很广，水果、叶菜类、谷类等食物中都含有丰富的维生素 C。其易受储存和烹调破坏，所以，蔬菜、水果应以新鲜、生食为好。我国推荐的运动员膳食维生素 C 的摄入量在训练期为 140 毫克/天，比赛期为 200 毫克/天。进行极限或次极限强度运动时，每消耗 1000 千卡能量，需供给维生素 C22~25 毫克。在进行长时间中等强度的运动负荷时，运动时间超过 2 小时以上（如长跑、马拉松等），每消耗 1000 千卡能量，需供给维生素 C 为 30 毫克。

5. 体能训练与维生素 E

维生素 E 具有抗氧化作用，还具有促进蛋白质的合成和防止肌肉萎缩等生物学作用，可提高肌肉力量。有研究报道指出，运动员在高原或在低氧低压条件下训练，补充维生素 E 可以提高最大摄氧量，减少氧债和血乳酸。食物油、奶、蛋等食物中富含维生素 E。我国推荐的运动员膳食维生素 E 摄入量为 30 毫克/天，如果在高原训练，则增加到 30~50 毫克/天。

（五）现代体能训练中矿物质的消耗与补充

人体内所含矿物质元素的种类非常多，总量约占体重的 5%，矿物质对人体有着重要的作用，人体内的许多生化过程都要依靠矿物质。

1. 体能训练与钙

钙营养的平衡对保持运动能力的作用非常重要。钙缺乏可引起肌肉抽搐，长期钙摄入不足会导致骨密度降低。运动具有增加钙丢失的作用，同时又具有促进钙在骨内沉积、增加骨密度的作用。只有在钙摄入量充足的情况下，运动才有增加骨密度的作用。在青春期前加强体育锻炼，非常有利于骨密度的增加。

一般训练情况下，钙的需求量是每日 1000 毫克，运动量或运动强度大时，要增加到 1000~1500 毫克。奶及其制品、绿叶蔬菜、虾皮、豆类、海带等食物中含有丰富的钙。

2. 体能训练与钾

成人体内总含钾量为 117 克左右。大部分存在于细胞内液，只有约 2% 存在于细胞外液。当血钾浓度降低时，脑垂体生长素输出下降，造成肌肉生长减慢。口服钾可迅速恢复生长素水平和胰岛素样生长因子水平。进行大强度运动，尤其在高温下进行时，从汗液中会丢失大量的钾。缺钾会抑制糖的利用，ATP 和蛋白质合成受阻，出现肌肉兴奋性降低、肌肉无力、心脏节律紊乱等。运动大量出汗前后适量补充钾盐是十分必要的。

在运动情况下，运动员每日钾的需求量为 3~5 克，主要来源于植物性食物，比如豆及豆制品、海带、香菇、花椒、谷类以及蔬菜和水果等。

3. 体能训练与铁

铁营养与运动员的氧代谢和耐久力有关。运动员中发生缺铁性贫血的比率较高，可能与铁摄入不足有关。此外，运动引起铁代谢的加快，铁吸收受到影响，且铁排出增多。调查研究显示，女运动员的铁储备状况差于男运动员，而且缺铁性贫血的发生率较高。

成人身体总铁量为 3.5~4.0 克。运动者由于铁的需要量高、丢失增加，再加上摄入不足，普遍存在铁营养状况不良。因此，运动者膳食中应加强铁的摄入。含铁最多的是肝脏，其吸收率也最高，除此之外，瘦肉、豆类、蛋类、绿色蔬菜等食物中的含铁量也较高。

4. 体能训练与镁

骨骼和肌肉中含有一定量的镁。镁离子不仅参与维持神经肌肉的兴奋性，还是体内多种酶的激活剂。镁是常量元素中体内含量和需要量最少的，通常情况下，是不会缺乏的，但如果在运动时出汗过多，就会有较多的镁流失，如果缺镁，会表现为情绪易激动、肌肉容易发生抽搐，这时应增加镁的供给量。富含镁的食物有植物性食物，比如全粉谷物、豆类、蔬菜及海产品等。

5. 体能训练与锌

关于锌的含量，红细胞约为血浆的 10 倍，其主要以碳酸酐酶和其他含锌金属酶类的形式存在。锌的主要功能在于它是多种酶的组成成分和激活剂，调节体内各种代谢，且锌可以影响睾酮的产生和运输。因此，它与运动能力之间具有非常密切的关系。

锌与体内200多种酶的活性有关，与雄性激素的合成关系密切。运动员锌的推荐摄入量与铁相同，为每天20毫克，如果在大运动负荷训练或高温环境下训练，应每天摄入25毫克。锌来源于动物性蛋白质，其中以海牡蛎含锌最丰富。

（六）现代体能训练中水的消耗与补充

水占成人体重的50%~70%，是人体重要的组成部分和不可缺少的营养物质。

1. 水的营养功能与来源

（1）水的营养功能

①参与人体正常的代谢过程：体内各种生理活动和生化反应离不开水这一重要介质，它参与机体内代谢过程，一切代谢活动都依赖于水，否则便无法进行，生命也就停止了。

②维持机体正常的新陈代谢：由于水有很强的溶解能力，许多物质可以溶解在水中通过循环系统转运，因此，水是体内吸收、运输营养物质，排泄代谢废物的最重要的载体。

③调整并维持正常的体温：水的汽化热很大，1克水汽化要吸收580卡热量。因此，汗液的蒸发可散发大量热量，从而避免体温过高，维持正常的体温。

④水的润滑功能：泪液、唾液、关节液、胸腔腹腔的浆液起着润滑组织防止发生摩擦的作用。

⑤能够较好地维持血容量，使脏器的形态和机能得到有力保障。

（2）水的主要来源及供给量

体内水的来源主要是饮料水、食物水和代谢水。食物水主要是指蔬菜和水果，所以，日常生活中，除正常饮用水外，要多吃蔬菜和水果。水的供给量随年龄、体重、气候及劳动（或运动）强度而异，正常成人每日需水2000~2500毫升，不同年龄的人每日需水量不同。一般情况下，水的出入量是平衡的，体内不能储存多余的水分，也不能缺水。

2. 水的消耗

在体能训练过程中，出汗是对水最大的消耗，出汗能够对机体的热量平衡起到积极的调节作用。运动时出汗量是受运动项目、气压、温度、气温、热辐射强度、单位时间运动量及饮食中的含盐量等因素影响的。由此可见，要想避免出现影响体能训练的现象，就要在运动过程中，适当地补充水，通常情况下，要遵循少量多次的水分补充原则，以达到较为适宜的补水，满足运动中机体对水的需求。

3. 水的科学补充

（1）补充水分的意义

脱水后补液的时间越迟，体能训练能力的降低越严重。体能训练时当失水速度达到275毫升/小时的脱水阈时，就会引发机体发生脱水。研究表明，间歇性体能训练项目体能训练者的相对出汗率，不仅不比耐力性体能训练项目体能训练者低，而且还可高于耐力性体能训练项目。间歇性体能训练项目，如篮球、网球等在体能训练前和途中合理补液，维持血浆容量，防止体能训练中心率和体温的过度升高，有助于提高体能训练能力。

（2）补液的方法

补液的原则：补液应该遵循预防性补充的原则和少量多次的原则。少量多次可以避免一次性大量补液对胃肠道和心血管系统造成的负担。为保持最大的运动能力和最迅速地恢复体力，补液的总量一定要大于失水的总量，特别是补钠的量一定要大于丢失的量。

（3）补液的具体措施

运动前2小时可饮用400~600毫升含电解质和糖的运动饮料。也可在运动前15~20分钟补液400~700毫升，要少量多次摄入，每次100~200毫升，不能短时间内大量饮液。

运动中补液的总量不超过800毫升/小时。运动中补液必须少量多次地进行，可以每隔15~20分钟，补液150~300毫升，不要饮液过多。运动后补充含糖5%~10%和含钠30~40毫克适量的运动饮料，不要用盐片补钠，防止暴饮白水。

四、现代体能训练的生物力学基础

（一）人体运动的时空特征

人体运动的时空特征主要表现在三个方面，即时间特征、空间特征和时空特征。

1. 时间特征

（1）时刻。时刻是指物体在空间某一位置的时间度量。时刻的主要作用是表示运动的始末以及标识关键技术的时相，如运动员关键的身体姿位、特定的关节角度等。

（2）时间。时间即两时刻间的间隔。在运动员的运动训练和比赛中，持续时间是运动的时间度量，单位用秒表示。一般来说，评价运动员动作技术优劣的重要参数就是运动持续时间。

2. 空间特征

（1）位移、轨迹和路程。位移是指从物体初始点指向终点的矢量，单位用米表示。它是用来描述物体位置变化的。轨迹是质点运动的路径。路程则是物体运动轨迹的长度，路程为标量。路程的单位也是米。

（2）角位移。人体的运动如果按照刚体运动的形式分，有平动、转动和复合运动三种。转动刚体上的各个质点在同一时间间隔内的线位移不同，但转过的角度是相同的。据此，在描述转动时，就可采用物体转过的角度来描述，称为刚体转动的角位移，以逆时针方向为正。角位移的单位通常用度、弧度表示。

3. 时空特征

（1）速度和加速度

①速度与速率。所谓速度，即描述物体运动快慢的时空物理量。人体在变速直线运动中的位移和通过这段位移所需的时间之比，就是人体在这段时间内（或这段位移）的平均速度。

所谓速率，即人体或物体运动经过的路程与其所用的时间之比。速率反映的是单位时间内物体路程改变的数量大小。

②加速度。加速度，即描述物体速度变化快慢的物理量。平均加速度则是指人体运动的速度变化量与发生这种变化所用的时间之比。在体育运动中，加速度通常指瞬时加速度。

（2）角速度和角加速度

所谓角速度，即描述物体转动运动快慢的度量。所谓角加速度，即描述角速度变化快慢的物理量。

（二）人体运动的平衡与稳定

人体的平衡状态是指相对于惯性参照系静止或做匀速直线运动的状态。在体育运动中，运动员往往需要做各种平衡动作以辅助各项运动技能的完成。如武术中的大鹏展翅、吊环的十字支撑等。对于这些项目来说，人体平衡能力非常重要。人体在抵抗各种外界因素的干扰中保持平衡的能力，就是稳定性。

人体的稳定性可分为两种，即静态稳定性和动态稳定性。静态稳定性，即人体静止时抵抗各种干扰的能力；动态稳定性，即人体重心偏移平衡位置后，去除干扰因素，人体仍能恢复到初始平衡范围。在运动员进行训练的过程中，这两种稳定性都起到重要的作用。

1. 人体平衡的类型

（1）根据人体重心和支撑点的位置关系划分

人体平衡可被分为上支撑平衡、下支撑平衡和混合支撑平衡三种。

①上支撑平衡，即支撑点在重心上方，如单杠悬垂平衡。

②下支撑平衡，即支撑点在重心的下方，如手倒立平衡。

③混合支撑平衡，即人体重心位于上、下两支撑点之间的平衡，如肋木侧身平衡。

（2）根据平衡的稳定程度划分

人体平衡可划分为以下4种类型：

①稳定平衡，即人体的姿位不管有多大的偏离都能回复到原来姿位的平衡。在体育运动中，上支撑平衡往往是稳定平衡。

②有限稳定平衡，即人体姿位的偏离仅在一定范围内能够回复到原来姿位的平衡。下支撑中的面支撑平衡都是有限稳定平衡。

③不稳定平衡，即人体只要有极小的偏离就一定倾倒的平衡。不稳定平衡仅见于下支撑中的点支撑或线支撑，如高空走钢丝、杂技中自行车定车等都属于不稳定平衡，它们的支撑面很窄，可近似看作线支撑。

④随遇平衡，即人体姿位不管如何偏离，都能在新位置重新建立平衡。这种平衡的特点是物体偏离原来位置时，重心高度不变。在体育运动中，球体的平衡就属于随遇平衡。

2. 人体稳定度的影响因素

在运动中，人体的平衡大多属于下支撑平衡。影响人体下支撑平衡稳定度的因素主要有以下几点：

（1）支撑面大小

支撑面大小通常影响着人体的稳定性。一般来说，支撑面小，稳定度就小；支撑面大，稳定度就大。

（2）重心的高度

如果支撑面大小不变，人体的重心位置越低，其稳定度就越大；重心位置越高，其稳定度就会越小。

（3）稳定角

稳定角就是指重力作用线和重心至支撑面边缘相应点的连线间的夹角。一般情况下，稳定角越大，人体或物体的稳定性就越好。

（4）稳定系数

稳定系数，即稳定力矩与倾倒力矩之比值。它能够表明物体依靠重力抵抗平衡受破坏的能力。当稳定系数大于1时，物体能抵抗外来倾倒力矩，平衡不被破坏；当稳定系数小于1时，物体不能抵抗外来的倾倒力矩，平衡则会遭到破坏，即物体会翻倒。

需要注意的是，稳定度与平衡并不是同一个概念，需要加以区分。一般来说，稳定度是保持人体某种姿态或运动状态的能力，而人体平衡则是人体在外力作用下的身体姿态。

第二节　现代体能训练的革新与发展

随着社会的发展进步，现代体能训练也随之进行了革新和发展，诸多新兴体能训练项目进入大众视野，并且广泛被大家接受、采用。

一、走跑运动健身法

走路和跑步是最简便易行的运动项目，也是世界上最好的运动。走跑健身是最实用的轻负荷有氧运动，它已成为中老年人喜爱的健身项目，具有加速血流、促进代谢、舒筋活络的健身作用。而且可靠安全，不会造成下肢软组织损伤，并能增强关节的灵活性，提高肌力和韧带的张力与弹性。

（一）健身步行

步行的特点在于简单易行，便于持恒。适于动作迟钝、体质较弱、缺乏锻炼基础的中老年人。步行有多种不同负荷循序的练习方法。

（二）散步

一种有效的积极性休息，可促进血液循环和代谢功能，有助于调整情绪，消除精神紧张与忧愁抑郁。

（三）一般步行和快走

在散步基础上提速（负荷强度：70～80米1分）。快步走是速度和耐力相结合的步行方式，持续时间18～20分/次，23次1天。

（四）走跑交替

这是一种在快速步行基础上，而尚不适应健身跑的递增运动量锻炼方式。它可增强心肺功能，又能灵活掌握运动负荷。练习采用先走后跑，走一段，跑一段，走跑交替进行。

（五）健身慢跑

健身慢跑的特点是时间长、速度慢、距离远。练习方式应从快速步行再过渡到走跑交替。3个月锻炼后，递增慢跑距离。慢跑时肢体和上体放松，躯干稍前倾，两臂微屈，鼻吸口呼，步幅不宜过大，全脚掌着地。

（六）跑步机上的慢跑

好的跑步机会预置一套程序，跑步时只需按照提示输入数据，就可以选择不同锻炼方式，比如"减脂模式""登山模式"等。脚步位置太靠前容易踩到底座，太靠后容易被甩出去，当然也不要跑偏。刚下跑步机可能会感觉眩晕，逐渐把速度降下来就不会出现这种情况了。

二、踏板操

(一) 项目介绍

有氧踏板操 1968 年起源于美国，并很快风靡世界。踏板操最根本的运动原理，是把体能测试中的台阶练习与健美操的步伐合成为组合动作，在特定的踏板上进行练习。有氧踏板操，即在踏板上随着动感音乐（每分钟 120 拍左右）上下舞动。它具有健美操的所有特点，同时，由于大部分动作是在踏板上完成的，所以能更有效地增强心肺功能及协调性。因其主要针对的部位是下肢和臀部，具有明显耗能减脂（一节课可以消耗 1000～1500 千卡热能），提臀美腿，改善女性肌肉线条的功效。"踏板操"安全性较好。由于"踏板操"主要是在踏板上不停地上下移动，跳跃性动作相对较少，自然使下肢关节具有明显的屈伸和缓冲，这样就能够大大减轻对各关节的冲击，最大程度上避免了长时间跳跃造成的运动损伤。

(二) 基本玩法

练习踏板操动作的核心是基本动作，各种动作的变化都是在基本动作的基础上产生和发展的。踏板操的基本动作是结合地上健美操动作而发展变化的。踏板操的基本步法如下：

1. 单脚依次点板。

预备姿势：直立，双手叉腰，面向踏板。

动作做法：一脚点板一次，还原。

2. 基本步

预备姿势：直立，双手叉腰，面向踏板。

动作做法：双脚依次踏上板，再依次踏下板。

3. "V" 字步

预备姿势：直立，双手叉腰，面向踏板。

动作做法：以右脚先做为例。右脚向右前方踏上板，左脚向左前方踏上板，然后双脚依次还原。

4. 上板点、下板点

（1）正上点板、正下点地

预备姿势：双手叉腰，面向踏板。

动作做法：以右脚先做为例。右脚踏上板，左脚踏上板，左、右脚依次踏下板，右脚点地。

（2）侧上点板、侧下点地

预备姿势：双手叉腰，侧向踏板。

动作做法：以右脚先做为例。右脚向侧踏上板，左脚踏上板，脚尖点板，左、右脚依次向侧踏下板，右脚点地。

（3）正上点板、侧下点地

预备姿势：双手叉腰，面向踏板。

动作做法：以右脚先做为例。右脚踏上板，左脚踏上板，脚尖点板，左、右脚依次向侧踏下板，右脚点地。

5. 上板提膝

预备姿势：双手叉腰，面向踏板。

动作做法：以右脚先做为例。右脚踏上板，左腿屈膝向上抬起，然后顺势依次踏下板。

6. 后屈腿

预备姿势：双手叉腰，面向横板。

动作做法：以右脚先做为例。右脚踏上板，左腿后屈，然后左、右脚依次踏下板。

7. 转身步

预备姿势：双手叉腰，半侧面向横板。

动作做法：转身时向右转体45°，右脚向左后方踏下板同时右转体45°，左脚踏下板。

8. 板上点地

（1）侧点地

预备姿势：双手叉腰，双脚站在纵板上。

动作做法：一脚向侧，在板下点地，还原。

（2）后点地

预备姿势：双手叉腰，双脚站在踏板上。

动作做法：一脚向后，在板下点地，还原。

9. 上板踢腿

（1）前踢腿

预备姿势：双手叉腰，面向踏板。

动作做法：一脚踏上板，另一腿向前踢腿，然后顺势下板。

（2）侧踢腿

预备姿势：双手叉腰，面向踏板。

动作做法：一脚踏上板，另一腿向侧踢，然后顺势下板。

（3）后踢腿

预备姿势：双手叉腰，面向踏板。

动作做法：一脚踏上板，另一腿向后踢腿，然后顺势下板。

10. 上板双侧下骑板

预备姿势：双手叉腰，侧向踏板。

动作做法：以右脚先做为例。

1—2 拍：右、左脚依次向右侧踏上板。

3—4 拍：右、左脚依次向两侧踏下板，两腿骑于板上。

5—6 拍：右、左脚依次踏上板。

7—8 拍：右、左脚依次向右侧踏下板。

11. 横过板

预备姿势：双手叉腰，侧向踏板。

动作做法：以右脚先做为例。

1 拍：右脚踏上板。

2 拍：右、左脚在板上交换腿跳。

3—4 拍：右、左脚依次向右踏下板，于板的另一侧。

12. "1"字步

预备姿势：双手叉腰，面向横板。

动作做法：

1—2 拍：右、左脚依次踏上板。

3—4 拍：在板上开合跳一次。

5—6 拍：右、左脚依次踏下板。

7—8 拍：在地上开合跳一次。

（三）练习要求

（1）踏板应稳固地放在地上，以免晃动。

（2）身体保持正直，挺胸、腹部、臀部收紧，身体保持平衡。

（3）踏板的高度要因人而异，因课而异。

（4）初学者可双手叉腰，先练习下肢动作，待动作熟练后再加上肢配合。

（5）上踏板时，应将脚踏在板的中央，防止板的不稳定。

（6）下板时由前脚掌着地过渡到全脚掌，缓冲落地，避免踝、膝、腰的损伤。

（7）除跳跃上板外，下板时与板的距离为 12 英寸（约 30 厘米）。

（8）跳跃上板，蹬地时前脚掌发力，落地时由前脚掌过渡到全脚掌，缓冲落地，身体保持向前轻度倾斜。

（9）只可跳跃上板，不可跳跃下板。

（10）每次上踏板时，膝部要保持弹性，控制好腿部肌肉，腰背部挺直，使肌肉处于正常、活跃的状态。

（11）在做较复杂的动作时，尽量不要负重，确保安全。

（12）如腿部疲劳、动作不协调、身体出现明显的疼痛或头晕、心动过速等情况时，练习者应停止运动。

（13）凡膝、踝关节有伤者，在做踏板操前，必须进行体检。

三、搏击操

（一）项目介绍

搏击操，它是一种有氧操。它是结合了拳击、泰拳、跆拳道等而成的一种身体锻炼。搏击操配合强劲的音乐，成为一类风格独特的健身操。我们常见健身操由于动作的变化快，内容丰富，常会使一些练习者感到掌握起来有一定的困难，尤其对于初学者，搏击操动作基本上是遵循人体最基本的运动形式，动作简单但有一种力度美与健康美，初学者很容易跟上，并且最大的优点在于无论动作幅度大或小，都可以让腰腹充分受力，从而得到锻炼。

搏击操要求速度和力度的完美结合，可以消耗大量的热量，做一个小时的搏击操可以消耗600卡的热量，是跳健美操的两倍，而且练习搏击操可以加强腰部和腹部的肌肉力量，持续练习3个月后能让练习者拥有很好的耐力。

（二）基本动作

1. 准备姿势

双脚前后开立，重心在前脚，后脚脚跟抬起，达到最大缓冲；下颌内收，在完成击拳和踢腿动作前眼睛一直看着目标；收紧腹部，增加肌肉的协调性，保持呼吸，不屏气；不出拳时，两手握拳置于脸的前方，保持防御姿势。

2. 直拳

预备姿势：面向假想目标，下颌紧收。

动作要领：从腰部发力，到肩、到拳；手臂和肩部成一条直线，控制肘关节周围肌群的收缩，不使关节过分强直；快速收回到预备姿势的手臂位置。

3. 摆拳

预备姿势：面向假想目标，下颌紧收。

动作要领：从腰部发力，手臂和肩由弧形摆动同时稍伸肘，拳峰至虚拟目标；快速收回到预备姿势手臂位置。

4. 勾拳（左）

预备姿势：左腿在前，重心在前脚。

动作要领：出拳时，从腰部发力，上臂前臂保持一定的夹角，拳由下向上击打，手臂通过身体的前方并尽可能地延长拳的路线，直至斜上方；快速收回到预备姿势手臂位置；另一只手始终保持防御姿势。

5. 顶膝

预备姿势：两腿开立，保持防御姿势。

动作要领：支撑腿稍屈，身体稍微向侧后仰；动力腿用力向前上方提膝，同时用力收腹；还原。

6. 前踢

预备姿势：双脚与肩同宽，一脚在前，重心在后脚。

动作要领：动力腿抬膝至最高的位置，上身微向后仰；伸展腿部，用前脚掌踢目标，但膝关节不要过度伸直；动力腿收回到开始位置。

7. 侧踹

预备姿势：双脚开立，与肩同宽。重心在右腿，目视左侧假想目标。

动作要领：抬起左膝向身体靠拢，上身微向右倾斜；右脚脚跟转向目标（这一点很重要）；左腿向外蹬伸，勾脚，脚尖朝下，用脚侧缘攻击至虚拟远端目标，右臂向外放，以保持平衡；动作完成，支撑腿转髋转脚跟，收回动力腿。

需要注意以下问题：

（1）腹部、下颚收紧，两手握拳于脸前（防御姿势），保持呼吸，不屏气。

（2）避免和专业运动员一样进行长时间的训练，应交替进行大运动量和低运动量的练习。

（3）膝盖不要僵直，以减轻缓冲。在转身时要抬起膝盖，否则会扭伤十字韧带。

（4）击拳时要由肩部带动出拳，在完成击拳和踢腿动作前一直看着虚拟目标。

（5）避免在拥挤的房间进行后踢的动作。

（6）避免肘、膝部用力过猛，避免进行闪躲或猛击动作时，由于动作过大而脱臼，避免扭转动作。

（7）若发生腿部疲劳，人体局部出现疼痛不适、眩晕、心率过快等，可停止练习。

四、水中健身操

水中健身操是在轻柔的音乐伴随下，健身者跟随健美教练在水中进行的一种有氧健身运动。水中健身操是新型的有氧健身运动，它结合了不同节奏的身体动作和舞蹈步伐，既有陆上动作，还有水中动作。充分利用水的阻力和浮力的特点，通过水的阻力，水中健身操锻炼人的力量、耐力、塑造完美形体；通过水的浮力，水中健身操锻炼人的柔韧，减少运动损伤。

水中健身操的锻炼目的主要是提高身体的有氧机能。水的阻力会加大运动的难度，因此，在水中做动作所用的力量是陆地的20倍，人体可以消耗更多的热量。水中健身操是利用水的阻力进行肌肉、力量、柔韧、心血管系统和呼吸系统的锻炼，安全简单，科学有趣。通过水的浮力锻炼人体的柔韧性，减少运动损伤。与陆上健美操相比，它的运动强度低，动作简单易学，排汗少，散热效果好。长期坚持做水中健身操，可调节人体姿态和脊柱生理弯曲，塑造优美的姿态。

（一）水温

水环境中热传导能力比空气中高20多倍，人在水中静止不动，也要消耗很多能量。在水中运动会提高人体皮下血液循环功能，有利于新陈代谢能力的增强。

（二）水压

人在水中运动必然受到水的压力影响。在做水中健身操时，俯卧游动或下沉至水中时，人体的肺部一般在水面下30~50厘米，要承受大于陆地练习时的气压影响。

五、健身球和健身球操

健身球是一项新兴的有趣且特殊的体育健身运动。健身球用途和优点众多：它适合所有的人锻炼，它的健身效果良好（特别对脊柱和骨盆的锻炼），不容易损伤，健身球可以提高人的柔韧、力量、平衡、姿态、心肺功能。

健身球可以训练胸、腹、背、臀、腿等处的肌肉群，而这些肌肉群在保持身体平衡、改善身体姿势以及预防运动损伤等方面发挥着重要作用。

健身球运动适合所有的人锻炼，包括需要康复治疗的人。有些腰背部有伤的人在做仰卧起坐时，因为腰背部有伤可能做不起来，但是在做健身球运动时，可以利用柔软的健身球来帮助运动者做运动，健身球能够起到一个依托的作用。健身球运动有很强的趣味性。健身球操改变了以往模式化的训练方式，让运动者伴着热烈奔放的音乐，与球一起玩耍。运动者时而坐在球上，时而举起球来做跳跃运动，这些有趣的动作使得整个过程极富娱乐性。健身球运动有助于训练人体的平衡能力，还具有按摩作用。健身球操的动作设计力图达到人体与球面的充分接触，而健身球是由柔软的PVC材料制成，当人体与之接触时，内部充气的健身球会均匀地抚摸人体的接触部位从而产生按摩作用，这有益于血液循环。健身球操适合各个年龄层的锻炼者，学员中涵盖了老、中、青三代人。

六、街舞

街舞英文名称为 Hip—Hop，是一种民间舞蹈，兴起于 20 世纪 70 年代，特色是爆发力强，在舞动时肢体所做的动作亦较其他舞蹈夸张，形成了不同风格和流派，较有代表性的舞蹈有霹雳舞、锁舞、电流等。这些舞蹈主要以即兴为主，有的还伴随一些背旋、头旋等技巧动作。这种舞蹈出现在街头，不拘于场地器械，所以称为街舞。

目前，我国的街舞被分为健身街舞和流行街舞两大类。健身房里的街舞叫作健身街舞，它是把流行街舞所涵盖的内容中最基础、最简单、有利于身心发展的部分提炼出组合而成的。街舞的动作随着时间的推移和音乐的发展而有所改变。Hip—Hop 音乐流派的出现使街舞获得了全新的演绎，伴随着流行歌星的表演和他们的 MTV 作品，这阵"酷"风吹向世界各地，目前，随着 Hip—Hop 的风靡，街舞不但在流行乐坛占有一席之地，并且已经演变成为国内非常时尚的一种健身方式。

（一）风车

1. 动作要领

首先左手撑在肚脐的左侧，双脚张开呈"八"字形，然后左脚抬高，往斜下方用力扫。在这同时左手放开，让左手沿着手臂至背部的顺序使身体着地，当身体下去后必须用双手把身体撑起成原来的起步方式，然后再按照同样的步骤进行练习。

2. 练风车常见的问题

（1）起步时常摔倒是因为起步时腰没抬高，着地点太低。

（2）再接圈时脚会碰到地板是因为腰没抬高，然后再接圈时身体必须比脚先转到半圈才能衔接。

3. 练风车的注意事项

（1）腰要抬高。

（2）起步时脚要用力扫。

（3）起步放手的时机正确。

（4）转风车时切记脚分开的幅度一定要大。

（二）托马斯

1. 动作要领

双脚张开呈"八"字形，然后左手伸直撑地。左脚用力往右脚脚跟的方向扫，右脚朝头的方向用力踢高，在这同时左脚也必须往头的方向用力踢高，使两只手撑着地面，双脚腾空，腰往前挺直，然后左脚继续保持在空中，右脚往斜后方拉回至原来右脚起步的方向，左手远离地面，仅剩右手撑住整个身体。

2. 练习托马斯的注意事项

（1）臂力、脚扫动的力量和腰力要够大。

（2）脚也要有画圆的感觉。

（3）要抓住换手的时间。

七、普拉提

（一）项目介绍

普拉提训练法是一种静力性的健身运动。西方人一向注重身体肌肉和生理机能的训练，例如腰、腹、背、胸、臀等部位的训练，而东方人着重呼吸和心灵集中的训练，如瑜伽和太极。普拉提吸取了东西方文化，兼容了生理与心理的相关研究成果。随着现代社会的发展，普拉提不断地进行了一些人性化的改善，融入了瑜伽、太极拳、芭蕾形体的一些理念，以及教练个性化的内容。普拉提的训练方式是遵循运用自身体重、多次数小重量，以及冥想的运动原则，训练时的呼吸方式为鼻吸口呼，是针对肌肉形态、关节等外在的一种训练，它的训练目的是通过改变人体肌肉功能从而改善人体脊柱腰椎等的功能。普拉提最大的特点是简单易学，不仅动作平缓，而且可以有目的地针对手臂、胸部和肩部锻炼，同时又能增强身体的柔韧性。

（二）普拉提的基本功训练

练武前要先学扎马，普拉提也有它的基本功。需要仔细阅读，把它们运用到普拉提的动作中，就可以得到练习的最大效果。

1. 横向呼吸

做普拉提运用横向呼吸法，能促成正确的动作模式，同时让肺部吸纳最大量的氧气。吸气时，胸腔骨的下部向横扩张，呼气时则下陷。坐或站直，置双手于胸腔骨旁。吸气，胸腔骨向横扩张，但肚子不要上涨，感觉胸骨的移动、沉肩。呼气时，尽量将胸腔骨下陷进身体，感觉两边胸骨往中央移近。

2. 凝聚轴心／力量区域轴心

力量区域是指一系列构成和稳定身体中心的肌肉。这些肌肉包括腹肌（尤其腹横肌）、下背肌和盆腔底肌。一个强壮的轴心不但能减少背伤的机会，更能改善姿势和调准身体的平衡。要达到良好的轴心稳定需要在拉进下腹的同时，收缩盆腔底肌，以启动深层的腹横肌。

3. 肩

很多人都会在颈和肩膀处积聚压力。普拉提强调利用中背肌肉把肩膀沉下，以助拉直上背。大家可以用这个小小的运动练习沉肩。开始时，耸起双肩又放下数次。留意当耸肩时，肩脚骨尖向外移。当肩膀降下，肩脚骨尖收住、往内。我们利用这个动作确定肩膀的位置。将肩胛骨尖向下背的中线沉下，我们会感到颈项同时自然的延伸，消退颈和肩的压力和绷紧。

4. 轴心盒子

四条直线，将两边肩膀与两边盆骨相连，这个"盒子"是身体调准和对称的提示。很多人都会习惯性地依赖一边身体，普拉提令我们更意识到这些不平衡，并纠正调准它们。

5. 下巴抵近胸前

多数的垫上普拉提动作都是在仰卧姿势中抬起头和手脚。正确的头部位置对于增加腹肌运用和减少颈部压力十分重要。头应该提起向前至锁骨上，下巴应抵近胸骨。下巴和胸膛之间应有约一个拳头的距离，视线则固定于轴心位置。如此提起头部，亦有助运动时可以用眼睛检查躯干和双脚的调准。

6. 延伸骨和四肢

普拉提和舞蹈教师经常让学生"拉长脊骨"。研究指出只需要简单的口头指示，参与者就可以真的延伸脊骨，减小脊椎间的压缩。这是能"长高"的重点位置之一，另一个是增加盆骨和胸腔骨之间的距离，将头部拉离尾龙骨的方向。当我们学会"长高"后，就要学会保持这个高度。延伸四肢，则有助增强四肢的肌肉。要注意肢体的调准，不要锁实手肘和膝盖关节。

7. 脊骨和盆部自然中轴位置

脊骨和盆部的自然中轴位置是相辅相成的。当盆部处于自然中轴，下背脊骨就会自动落入它的中轴位置了。要找到自己的盆部自然中轴位置，将手心底部置于盆骨上，手指尖于耻骨上，形成一个三角形，这个三角形水平时，盆骨和下背就处于自然中轴。尽量在做每一个普拉提动作中都保持这个自然中轴位置。

8. 动骨

一条健康的脊骨不但要强壮，而且要柔软。垫上普拉提的很多运动都着重脊骨的逐节平均活动。

9. 普拉提站姿

脚踝相接，形成一个"V"字普拉提站姿起始在于盆部。收紧臀部，大腿后侧贴紧，大腿骨从盆腔处向外转，双脚呈"V"字。小腿和双脚放松延伸。

10. 整合

垫式普拉提的一个特点是要参与重心思考他们的活动模式。一个常用的方法就是集中力量放在活动中的一组肌肉或区域上。但普拉提要求我们扩大集中范围，连静止中的身体部分都要留意，并意识到身体其实是整合性的活动。这样动作才可以更有效，并得到更加的平衡。

（三）常见技术动作

1. 腿部环绕

身体平躺在垫子上，双臂放于体侧。先把一条腿向上举起，另一条伸直或者弯曲放在地上，腹部收紧，腰部贴紧地面。吸气的时候用向上举起的腿划圈，方向顺逆均可，呼气时则回到起点，并停止动作。这样一个方向做4~6次，然后换方向再做4~6次。

作用：这组动作锻炼了腿部肌肉，能让腿部保持优美的曲线，同时配合的呼吸能合理调节内脏功能，让动作更加灵活和协调。

2. 单腿动作

上体抬起，肩膀离地，左腿伸直，右腿弯曲；右腿外侧手抱住脚踝内侧，手抱膝呼吸 1 次。换腿，重复动作。如此左右两侧各交换 8~10 次。

作用：这组动作让身体更具有协调性，同时锻炼了身体上部的韧性和腹部肌肉、脊椎和骨骼的灵活度。

3. 双腿动作

上体抬起，双膝收到胸前，把身体团紧；双手抱膝，吸气并伸展开身体；呼吸的同时把身体收回到团紧状态。重复 6~10 次。

作用：这是一组伸张动作，类似游泳的动作，可以让身体和身体关节伸张开，得到完全的放松。

4. 侧面动作

侧卧，让头、肩、髋在一条直线上；双腿稍向前收，左腿脚尖蹬地脚后跟抬起，右腿抬起与髋同高，吸气右腿后展，夹臀，呼气时向前踢 2 次；换腿，重复。两侧各做 6~8 次。

作用：可以强化上肢肌肉，包括胸肌、上背部肌肉及腹横肌，同时提高肌肉的柔韧性。

5. 全身动作

手和脚的位置固定不动，双腿弯曲，左腿在前，右腿在后；吸气时单臂支撑身体起来，这时，全身挺直成一条线，呼气时缓缓落下；换腿练习。各做 4~5 次。

八、动感单车

（一）项目介绍

动感单车（自行车）是一种结合了音乐视觉效果等独特的充满活力的室内自行车训练课程。动感单车在克服了室外行驶的一切缺点后，由于技术上的改进，使得这项运动在简单易学之余，成为一项能够使全身得到锻炼的有氧运动。动感单车运动后会消耗很多的能量，出很多的汗。同时还会增强腿部的力量，美化下肢形体。动感单车与普通单车相似，包括车把、车座、蹬板和轮子几个部分，车身稳固地联结为一个整体。与普通单车不同的是，它的结构可以做很大的调整，使骑行的人感觉更舒适。

(二)动感单车骑行方式

1. 热身练习

在进行动感单车项目之前,除了要做点强度小的运动之外,正式的课堂上还会有针对性的热身程序。比较容易受伤的膝盖、容易疲劳的大腿腰部都应该高度重视。下面几个动作是必须做的:

(1)腿部伸展

因为大腿是动感单车运动的中心,要特别注意不要被拉伤,容易拉伤部位是股后肌群。

方法:双腿尽量分开,左侧膝盖弯曲,上身下蹲,把身体重心转移到左边,右腿完全伸展,注意脚尖向前,感觉大腿内侧肌肉绷紧然后坚持5秒换腿再做。也可以借助器械做腿部伸展。双手扶着车把左腿抬起放在单车横梁上,右腿向后伸展,上身略微前倾,活动腿部的韧带和肌肉,然后换腿。

(2)侧腰伸展

在模拟单车经过紧急弯道时,上半身要左右晃动,以腰部力量控制重心,使之继续保证在单车上。

2. 骑行

最简单的骑行动作这里不做说明了,只管踏着节奏走就行。根据车把的形状,车子分为四个把位,循序渐进地锻炼腹斜肌、背阔和手臂。

(1)上坡

旋转重量控制钮,增加腿部承受的力量,开始时上半身前倾,接着需要整个身体离开座位才能让轮子旋转起来。要将力量着重放在大腿上,同时能够感觉臀部和背部肌肉群此时也非常紧张、非常吃力。腿部近乎伸直,减轻了膝盖的负担,锻炼的重心是大腿和小腿的肌肉。

(2)下坡

制造下坡的感觉可以把重量控制钮调到最轻,腿部基本没有负担。轻松地踩踏脚蹬,双手离开车把,上半身挺直,双手打开伸展,像要和清风拥抱一样。通常此时音乐比较柔和,把运动的强度降到最小。

第四章　现代体能素质科学化训练

体能素质训练追求科学化，本章主要针对现代体能素质科学化训练展开阐述，包括力量素质训练、速度素质训练、耐力素质训练、柔韧素质训练以及灵敏素质与协调素质训练几部分。

第一节　力量素质训练

一、力量素质训练概述

（一）力量素质的价值

人的运动素质由力量、速度、耐力、灵敏、柔韧五大素质组成，其中力量素质至关重要，被视为体能训练的抓手。力量素质在许多运动项目中被视作竞技能力的基本要素，往往对运动成绩和比赛胜负起很大影响。力量训练是培养优秀运动员的重要内容，也是身体训练水平中关键的评定指标。其意义在于下列几个方面：

1. 力量素质直接影响其他运动素质的发展水平

速度、耐力、灵敏、协调，甚至柔韧等运动素质都是通过肌肉收缩产生力量来实施完成的，快速力量与速度能力密切相关，最大力量直接影响爆发力水平，力量耐力对有氧耐力也有重要的价值。

2. 力量的高低与特点决定了技术的层次与风格，直接关系专项能力和运动成绩

运动员往往有自己的技术特点，水平越高，个人技术特点越突出。这种突出的技术风格建立在个人体能特点之上，特别与力量素质关系密切。如著名古巴跳高运动员索托马约尔与我国三破世界纪录的朱建华相比，后者由于力量相对较小，

采用了以速度为主的助跑快、起跳快、过杆快的"三快"技术风格,腿、臂的摆动速度快、幅度小;索托马约尔由于力量出众,采用了大幅度、双臂摆技术。研究显示,在跳跃项目的起跳过程中,地面给予腿部的冲击力可以高达 700 千克以上,速度越快,起跳越充分,冲击力越大。如果没有出色的力量做基础,就无法采用力量、幅度型技术方式,如表 4-1-1 所示。

表 4-1-1 优秀跳高运动员数据

姓名	助跑速度(米/秒)	最后一步速度(米/秒)	成绩(米)	技术类型
朱建华	后六步 8.73	8.19	2.37~2.39	速度型
索托马约尔	倒二步 8.93	8.51	2.43~2.45	力量、幅度型

3. 力量素质是各项运动项目的基础

没有力量作保证便无法移动得更快、跳得更高,支撑就不能稳定,击球就没有力度,对抗就会处于下风。世界优秀的女子网球运动员小威廉姆斯发球时速超过 200 千米/时,优秀男子羽毛球运动员发球速度可以达到 350 千米/时,没有突出的力量能力是无法实现这种水平的。

力量是完成运动技能的原动力。人们认识到改善神经—肌肉系统的功能,增强肌肉收缩时产生的力量是提高运动成绩最直接和有效的途径。因此,几乎所有的竞技体育项目均加大了对力量训练的重视程度。

(二)神经肌肉理论

肌纤维类型理论对力量训练影响深远。专家将运动单位分为三类:快收缩、易疲劳型(FF),快收缩、耐疲劳型(FR)和慢缩型(S),其中慢收缩型对疲劳的耐受力最强。快收缩、易疲劳型的运动单位以白肌为主。研究指出,运动单位的动员遵循"大小原则",即当运动神经元被反射性激活时,峰电位最小的运动神经元的阈值最低,峰电位最大的神经元的阈值最高。大的运动神经元支配易疲劳型肌纤维,而小的运动神经元支配耐疲劳型肌纤维。在力量训练中表现为:小负荷、较慢练习,红肌纤维首先参与工作,白肌纤维很少参与收缩;随着负荷的增加,越来越多的白肌纤维被激活参加工作;大负荷时,主要参与的是白肌纤维。根据运动单位动员的原则,不同类型的项目就需要安排符合项目特征的训练负荷,以达到最好的神经肌肉的刺激效果。

有理论认为，力量训练的生理学基础是大强度的神经元支配运动的能力。这些能力表现在以下几个方面：快速地募集运动单位，增加运动单位的活化速率，运动神经元的释放同步性，单一肌肉的兴奋与抑制作用的改善，肌群间协调能力的改善等。当今越来越多的学者开始重视神经肌肉系统对于专项力量的适应，认为神经肌肉系统对训练强度具有敏感的选择性适应，长期低强度的刺激无法使肌肉的快肌纤维（白肌，Ⅱ型）得到训练，而只能使慢肌纤维（红肌，Ⅰ型）得到优先发展，一部分快肌纤维的中间型（Ⅱa和Ⅱc）纤维会朝慢肌转型，甚至典型的快肌纤维（Ⅱb）也会在组织结构和功能上逐渐转向慢肌，如线粒体增多和有氧能力提高等。现代最新的研究已把肌肉纤维类型划分为Ⅰ、Ⅰc、Ⅱac、Ⅱa、Ⅱax、Ⅱx。Ⅱx型肌纤维被视作肌纤维的"储藏库"，在被激活的情况下，沿连续区域经亚类转化，改变成氧化能力更强的肌纤维。有研究显示，有氧高强度训练后几乎所有的Ⅱx转变为Ⅱa型肌纤维。这提醒人们负荷及效果是分层次的，其效果也有特异的方向性，准确地选用负荷直接影响肌纤维的转化。

提高肌肉组织的神经支配能力主要取决于提高肌肉组织的随意激活能力和力量形成速度（快速力量能力）。在力量增长的初期，神经因素起重要作用，随后，肌肉的增大作用逐步超过神经因素，在力量增长中起主导作用。神经系统初期对力量增长的适应表现为神经系统的内协调提高。在运动过程中，各肌肉正是由于受多个运动神经元协调支配才能使肌肉分工配合。有研究证明，优秀运动员肌肉收缩时拮抗肌的用力较非优秀运动员小，说明拮抗肌的放松在一定程度上加大了主动肌收缩的力量和速度，提高了主动肌的收缩效率，从而可以达到提高运动成绩的目的。

神经系统不但支配了肌肉的力量，而且使运动员对技术的感觉也十分有利。例如一些基础大项，不仅对运动的生理强度要求高，其技术动作的有效性、经济性与技术感觉有直接联系。有研究显示，通常所说的球感、水感等对技术的感觉，是通过中枢神经系统对肌肉的收缩进行不断的反馈式调节和修正的途径形成的。神经系统对力量的影响同样表现在肌肉的协调工作方面，动作之间的衔接和配合，以及整套技术动作的节奏感和流畅程度，均取决于运动神经对肌肉的支配能力。这种能力的培养应当贯穿于力量的训练之中。

现在仅以最大力量来评断力量的优劣，已经不能适应力量训练的要求。20世纪苏联的三代链球世界冠军，成绩差不多逐代提高10米，而同时各项"力量素质"

指标全面地大幅度减少，其中卧推力量逐代递降达 30 千克。说明最大力量和专项力量还有很大的差距，需要更细致地认识不同性质和类型的力量。

众多竞技运动项目的差异，要求对力量的分类越来越细致。根据运动项目对不同类型力量的需要，目前的运动训练学理论通常把力量素质分为四类：最大力量、相对力量、快速力量和力量耐力。这种分类方法明显的不足在于只注重从力量角度出发而没有对专项技术、专项能力的需要给予充分的考虑，常常引起在力量训练方向上产生很大的反差。实践中许多运动员的力量素质增长并没有反映在专项成绩的提高上。现在人们将力量的结构进行了更为详细的分类，例如把最大力量进一步细分为神经肌肉支配能力和肌肉横断面两种。虽然都属于最大力量的范畴，但这两种分类方式针对的专项具有本质意义的区别。

从神经肌肉系统的角度审视力量训练有利于专项力量的提高。专项力量指的是运动员完成专项技术时，神经肌肉系统表现出的力量。当今国内学者普遍认为，专项训练是运动训练的核心，通过强化力量训练中肌纤维之间和肌肉、肌群之间的协调性，使整个神经肌肉系统形成正确的"用力链"，使肌肉收缩与放松交替更加合理，在改善运动神经对肌肉精确支配能力的基础上，提高专项力量。

（三）超等长训练

超等长训练是提高快速力量能力（爆发力）的一种训练方法，它是由 20 世纪 60 年代的苏联人提出的，早期是在一定的高度范围内采用跳下—跳上—再迅速起跳的形式进行训练。超等长训练于 1984 年开始引入我国的运动生理学教材并沿用至今，且在近年来得到大力发展，出现超等长训练研究热潮。超等长训练也被称为快速伸缩复合训练、反应力训练或弹性力量训练，美国称之为增强性训练。

超等长训练的工作形式是将肌肉拉长，使肌肉做被动离心收缩，最终使肌肉在向心收缩阶段产生强有力收缩的一种爆发力训练方式。这种训练的目的在于通过动作速度和力量来不断提高肌肉的快速工作能力，其优势主要体现在能充分利用和提高肌肉的弹性以及活化肌肉的牵张反射能力上。如各种形式的跳跃和跳深训练，就是利用这种练习方式引发髋伸肌和股四头肌做快速离心收缩后，使向心收缩能够获取更大的力量荷载。

肌肉的"超等长收缩"受中枢神经的支配和调节。肌肉超等长工作时神经的调节作用是通过位于肌肉和肌腱的运动感受器——肌梭和腱梭及其反射弧实现的，其中由肌梭引起的牵张反射在增强肌力方面的作用尤为重要。超等长收缩力量的调节通过运动单位的募集和兴奋频率的改善进行。许多研究指出，根据神经单位募集的原则，当肌肉被拉长时，运动神经中枢根据肌梭传来的信息，调动更多的运动单位参与工作或提高每个参与工作运动单位的兴奋频率。

（四）力量训练与耐力训练

过去由于认为二者工作机制不同，甚至产生矛盾，人们对力量训练与耐力训练是否兼容、能否同期安排的问题一直持否定态度。近年来，力量训练在周期性耐力项目运动员的训练中有增加的趋势。主要是由于周期性项目要提高每一次动作的效果就要有力量能力的完善和提高，而提高各肌群之间的协调性，力量练习是最好的方式。同时，长时间低强度的有氧训练对神经肌肉的刺激较低，恰当强度的力量训练可以弥补这种不足，持续的、中等强度的力量耐力训练对神经肌肉控制和肌肉糖酵解供能能力有双重的刺激。如果有氧训练和力量训练在训练上进行精心安排，可以在一定程度、一定时期相互兼容。

对于青少年力量训练历来有不同的观点。早期由于担心对发育造成不利影响，专家不主张在少年儿童阶段进行力量训练，但这种观点缺乏严密的论证。事实上所有运动项目的技术训练本身就带有力量训练的成分，如排球、篮球运动员大量的跳跃动作。对青少年选手进行适当强度的力量训练而非极限强度、大强度的力量训练，不仅有利于运动技术的掌握和运动成绩的提高，而且可以促进良好的身体发育。目前国内外对青少年力量训练的认识基本一致，主要观点是：

（1）重视"神经支配能力"的提高而非"肌肉肥大"。

（2）重点发展多肌群协调用力而非单一肌群。

（3）注意发展深层次、小肌群及"核心力量"，避免过度发展大肌群。

（4）注意快速力量、反应力量等协调性力量的发展，而非最大力量。

（5）以动力性力量练习为主，避免过多的静力性（憋气）动作。

（五）功能性力量训练

当今对功能性力量训练越来越重视，其目的是在提高运动成绩的同时预防运动损伤，延长运动员的运动寿命。20世纪90年代，美国矫形专家和训练专家设计出了功能性动作筛查体系（Functional Movement Screen），目前这套理论在竞技体育和大众健身领域应用广泛，其目的是找出运动员在某一运动模式上的主要缺陷，或是身体左右侧功能存在的差异，这些信息是帮助运动员降低慢性损伤发病率，提高整体运动能力，以及帮助运动员达到更高竞技水平的关键因素。国内学者指出，功能性动作筛查强调的是正确的运动姿态，并形成合理的肌肉用力模式，通过对动作姿态的把控，达到提高动力并减少损伤的效果。可以通过筛查识别出使运动员处于较高受伤风险可能的代偿动作，为运动员设计针对性的运动方案。功能性训练包括平衡训练、核心训练、反应性神经肌肉训练（Reactive Neuromuscular Training）和本体感觉神经肌肉促进法（Proprioceptive Neuromuscular Facilitation）等。

从神经肌肉控制能力的分类上来看，功能性力量训练属于由神经系统对躯干和肢体控制的能力训练，强调核心稳定与平衡以及柔韧性的作用，神经与肌肉系统对不同的训练刺激产生不同的反应，长期系统的训练可以导致神经和肌肉系统在形态和功能上发生相应的适应，形成特定的神经—肌肉类型（即Ⅱa、Ⅱb、Ⅱc相互之间的转变）。

反应性神经肌肉训练是用来促进反射的功能性运动，其方法可以概括为通过作用于错误动作上的外来阻力来夸大原有的错误（Feed the Mistake），让身体自我感觉错误的程度，在身体进行平衡与修正的神经反应下，改正原有错误的动作模式。专家通过对受伤运动员的神经肌肉训练实验，结果显示运动员在经过8天的训练后，不仅仅是肌肉力量有所改善，其神经适应性也得到了明显的进步。通过测力仪测试，运动员髋关节内旋由训练前的40%的参与不足降低至13%，膝盖屈伸与髋内收不足得到改善。

本体感觉神经肌肉促进法（PNF）也是功能性训练的一种。研究证明，主动肌收缩时肌梭中的兴奋信息传送到运动神经元，抑制信号传送到拮抗肌，产生交互抑制，使肌肉在拮抗中相互平衡，同时达到放松肌肉、提高柔韧、增强耐力、增强机能、改善身体稳定和机体神经肌肉适应性的效果。

功能性力量训练的作用机制除了神经肌肉控制作用，还有三亚系统模型机制。有人在1992年提出了脊柱稳定理论，认为脊柱稳定性由3个亚系统组成，分别是：被动亚系统、主动亚系统和神经控制亚系统。主动亚系统通过产生力作用于脊柱，通过神经控制亚系统监控来自机体感受器的不同信号，来指导主动亚系统为脊柱提供所需的稳定，以满足脊柱稳定性要求。由此可见，神经对肌肉的支配能力是影响核心力量的重要因素，关键在于神经对肌肉的募集和协调。

以上研究表明，神经肌肉调控能力是力量训练的核心任务，负荷结构与层次的合理组合是影响力量训练效果的主要因素。反应力训练、功能性力量训练是当前力量训练的热点问题。

二、力量素质训练的基本理论

力量是人体肌肉工作时克服阻力的能力，不仅是重要的竞技能力要素，也是人维持正常工作生活状态、提升生命质量和从事体育锻炼的最基本素质。力量与身体的其他素质关系密切，实践操作过程中有"优先发展力量，带动和影响速度和耐力"的观点。力量素质对灵敏、协调等素质有着良好的支撑作用，可以说力量训练是整个体能训练的基础。同时，力量训练还是掌握运动技术、战术的重要条件之一，甚至影响运动中的心理状态。力量训练既能够根据需要改变运动员的局部能力，也可以改变综合竞技能力，最终影响运动员的比赛成绩。

根据表现特点，力量可以分为最大力量、相对力量、爆发力、力量耐力、一般力量、专项力量等多种类型，但实际上人体运动中各种类型力量的表现并不是独立存在的，而是在神经系统支配之下的综合体现。在神经、肌肉支配和能量系统协同下，各种类型的力量相互影响、相互制约，形成一个有机联系的体系。因此，在训练实践中要树立系统的观点，进行全面的力量训练，发展坚实的力量能力体系。

（一）力量素质的概念及分类

1. 力量素质的概念

力量素质是指在神经系统的支配之下，人体或身体某部分通过肌肉收缩克服阻力的能力。力量素质根据力量的表现可以分为多种类型。

2. 力量素质的分类

（1）绝对力量

绝对力量是指肌肉中或一组协作肌中总的力量潜力。绝对力量作为一种潜在的力量形式，是不少运动员所追求的。但是，受状态的影响，在特殊的状态下才有可能被部分激发出来，表现为最大力量。有研究显示，普通人运动时只有60%左右的肌纤维参与工作，训练有素的运动员可以动员近90%的肌纤维进行高效工作。因此，如何更大地发挥出力量潜力也是运动训练的重要任务。

（2）最大力量

最大力量是指人体或身体某部分肌肉克服最大阻力的能力。最大力量常在比赛中表现出来，可以测试，可用1RM（可重复一次的最大重量值）代表，即只能重复1次最大用力移动的力量。最大力量虽然不是专项力量，但是在竞技体育中有着特殊的价值，它是影响爆发力的因素之一（爆发力P=FV），力量大可以较轻松地克服较小的阻力。

（3）相对力量

相对力量是指人体每千克体重所具有的力量，等于最大力量/体重。对一些受体重影响的项目，如举重，拳击、摔跤、体操、技巧等项目有较大影响。

（4）快速力量

快速力量是指人体或某部分肌肉快速克服阻力的能力。快速力量是力量中最重要的一种形式，与速度、灵敏、协调密切相关。许多运动项目都把快速力量作为重要的训练内容。快速力量又可以细分为爆发力、起动力、反应力、制动力等不同的形式。

（5）爆发力

爆发力是指神经肌肉系统以最短的时间、最大的加速度，爆发出最大力量来克服一定阻力的能力。爆发力通常在0.15秒内达到最大力值，用力的梯度和冲量表示是速度力量性项目提高成绩的关键。跳远、跳高的起跳动作，投掷项目的出手是典型的爆发力动作。

（6）（快速）力量耐力

力量耐力是指肌肉长时间工作克服阻力的能力，或者能以预定的力度维持动作的能力。例如，如400米的后程，划船、中长跑最后的冲刺等。竞技体育中完成动作时对力量耐力都有一定速度的要求，要在较快的动作速度下完成。

（7）专项力量

专项力量主要是指以高强度专项运动的形式完成动作、克服阻力的能力，就是"和比赛动作的动力学张力特征曲线一致的力量"。提高专项力量是力量训练的核心目的。

（8）反应力

反应力是指肌肉在由离心式拉长到向心式收缩过程中，利用弹性能量在肌纤维的储存再释放，以及神经反射调节所爆发出的力量。

力量的分类随着运动实践和训练科学的发展在不断细化、深入，最大力量、相对力量、快速力量、力量耐力的分类方式已不能很好满足训练实践的需要。运动项目的不同决定了对不同性质力量需要的差异，不能把快速力量、速度耐力、力量耐力看成速度、力量、耐力等因素的简单组合，各种不同的力量素质具有相对独立性，都必须经过专门的训练才能获得和发展。最大力量提高未必就会引起专项成绩一定提高，力量的增加不一定能转化成相应的速度、耐力素质。在各专项训练实践中，需要对项目的专项特征给予足够重视，要注意全面考虑，避免训练方法、手段、内容的选择过于单一。要高度重视反应力量、专项力量、核心力量在竞技体育领域的价值。

对力量素质分类的深入和细化，有利于人们在发展具体力量时更深刻地理解训练负荷及要求的重要性，改变了传统力量训练中比较模糊、大而化之的做法，使力量训练具有更加明确的针对性。实践中应根据训练课的目的和项目的需要，有计划、按步骤发展力量亚类，形成有层次的力量体系，为专项力量的提高打好基础。

（二）力量素质的影响因素

根据目前的研究可知，影响肌肉力量的因素有：肌肉生理横断面、肌纤维类型及比例、神经支配调节、骨杠杆的机械效率、缺氧情况、钾钠代谢、心理因素、训练的系统性、外界刺激条件、生物节律、年龄变化等。下面陈述几个主要因素：

1. 肌纤维类型及比例

肌肉由不同的纤维类型组成，慢肌纤维收缩速度慢、力量小、不易疲劳；快肌纤维收缩速度快、力量大、易疲劳，原因是两种肌肉的酶及其活性不同，快肌中的 ATP—CP 酶的活性是慢肌纤维的三倍。肌纤维类型及比例构成了人体肌肉系统能力的基础。

2. 神经支配调节

改善神经支配调节，可以增加参与收缩的运动单位（肌纤维），改善主动肌与协同肌、对抗肌的协调关系，增强神经活动的强度和灵活性，从而达到增加力量的效果。

3. 肌肉生理横断面

横断面大小是肌肉力量的物质基础，横断面大则肌肉力量大。肌肉训练导致的肌纤维增粗，包括肌纤凝蛋白质含量的增加、肌毛细血管增多、肌肉结缔组织增厚、肌糖原增加等，有利于增大肌肉力量。

4. 骨杠杆的机械效率

人体运动的各种动作是以肌肉收缩为动力，以骨骼为杠杆，以关节为支点的杠杆运动，力的方向、支点、作用点影响用力效果，与运动技术紧密相关。

5. 钾钠代谢

钾钠离子除参与物质代谢、维持正常渗透压、调节酸碱平衡等生理作用外，还积极参与神经兴奋的传导过程，对肌肉收缩起重要作用。钾的作用是使肌肉收缩，钠的作用是使肌肉放松。

6. 心理因素

面对大负荷和激烈的对抗，首先需要进行心理动员，激发神经活性，提高兴奋性。不良的心理因素是神经系统受到抑制的重要原因。通过"意识集中""自我暗示"，提高神经系统的易化作用，使机体各系统同步进入工作状态，解除抑制，才能使肌肉发挥出极限力量。

7. 训练的系统性

训练会提高肌肉力量水平，停止训练，已经练出来的肌肉力量会消退，一些与力量增长相关的机能特性也会下降。一般认为，肌肉力量消退的速度是提高速度的1/3。因此，长期的、系统的力量训练十分必要。

(三) 肌肉工作方式及效果差异

1. 肌肉工作方式

(1) 动力性向心克制工作

动力性向心克制工作指肌肉力量大于负荷，肌肉逐渐缩短，肌肉张力随关节角度变化。这也是训练实践中应用最广泛的一种方式，如深蹲、卧推、壶铃等自由重量练习的快速上行阶段主要指这种方式。动力性练习中，负重可以根据需要变化，动作轨迹基本处于一种灵活的状态中，更容易接近专项动作。

（2）动力性离心退让工作

动力性离心退让工作指肌肉力量小于负荷，肌肉逐渐被拉长，肌肉张力随关节角度而变化。这种方式在训练中运用较少，一是由于这种方式相对于动力性练习比较麻烦，负荷也不好控制；二是大家还没有对离心方式的价值有充分的认识。这种方式产生的张力可高于动力性向心工作的40%。因此，应提倡在训练中有目的地使用，要注意安全性，做好保护工作。

（3）静力性等长工作

静力性等长工作指肌肉长度不变，张力发生变化。武术当中的马步、用于康复的靠墙半蹲就是典型的刺激臀肌、股四头肌的静力性练习。这种方式对最大力量和静力性耐力极为有效，可使动力性练习中练不到的肌肉得到锻炼，是一种重要的力量训练补充手段。

（4）等动性工作

等动性工作指动作速度不变（预先设定），肌肉长度和张力都有变化的一种方式。这种方法使肌肉在各个关节角度上的用力均等，在动作整个过程中受到足够的刺激。在常用的动力性、静力性练习过程中，存在在某些关节角度区域较易发力，而在某个角度难以用力的现象，如在负重缓慢下蹲过程中在某个角度难以支撑，迅速下降，这就是肌肉的力量区和非力量区。平时的训练很难刺激肌肉在非力量区充分用力，不能保证肌肉在整个关节活动区域保持良好的状态，使用等动练习可以达到这种效果。目前，由于等动练习要使用专门的仪器，通常用于实验工作，用于对关节肌肉的诊断还不能普及，但是可以使用弹力带或靠人力模拟使用这种方式。

2. 效果差异

（1）力量表现

肌肉最大收缩时产生张力的大小取决于肌肉收缩类型和速度。同速收缩下，离心收缩产生的张力最大，大于向心收缩40%~50%，大于等长收缩的25%。

（2）代谢特点

在输出功率相同的情况下，肌肉离心收缩时所消耗的能量低于向心收缩，其耗氧量也低于向心收缩，其他生理活动，如心率、心排血量、肺通气量、肺换气效率、肌肉血流量、肌肉温度等指标也低于其他方式。

（3）肌肉酸痛

肌肉做退让（离心）工作更容易引起肌肉酸痛和损伤，大负荷下的离心收缩产生的肌肉酸痛、肌纤维超微结构、收缩蛋白变化更明显。酸痛通常在训练后1~2天出现（延迟现象）。酸痛程度排序：离心＞等长≥向心，向心收缩最不明显。

因此，在力量训练时，要注意肌肉不同工作方式的利弊。应该设计、利用各种方式，提高训练的综合效果。目前，对离心手段的运用太少，大部分还没有真正意识到离心手段的巨大价值，在训练实践中有待于加强。另外，电刺激也是一种有效提高力量的方式。

（四）力量素质训练的注意事项

1. 正确选择训练手段

不同的训练手段有直接作用，也有间接作用；有长期效应，也有短期效应，要根据需要选择训练手段。要考虑有利于改善肌肉正确的发力方式，有恰当地要求，如下蹲、蹲跳练习，对整个下肢都起作用。要针对某个薄弱环节训练，如提高小腿肌肉力量就要选择专门的手段，进行负重提踵练习，相对固定膝关节，效果就更好一些。

2. 确定合理的负荷

手段确定后，负荷大小成为影响训练效果的直接因素。负荷过大易造成动作变形，甚至产生伤害和疲劳；过小则刺激不够，收不到理想的效果。负荷选择不同也容易造成对快肌、慢肌刺激效果的不同。因此，要考虑训练阶段、时期，结合运动员特点和项目特点，处理好训练量、强度、间歇的关系。

3. 确定与其他训练手段的正确组合

研究证实，任何单一的手段其效果都有局限性。组合训练是促进力量转化的有效方式，主要组合有：力量与技术练习、力量与专项练习、力量与速度、力量与跳跃、大负荷与小负荷、慢速—中速—快速组合等。尤其不能忽视不同速度的力量组合练习方式。

4. 合理安排顺序

设计安排顺序，使不同练习有逻辑关系是值得重视的。一般顺序是小负荷→大负荷→小负荷、大肌肉练习→小肌肉练习、较慢速度的练习→快速练习、改变肌肉结构的练习→改善肌肉内协调能力的练习、核心力量练习→一般性力量练习→专项性力量练习、力量性练习→速度性练习等。这里所讲的顺序既指一节课里的顺序，也指阶段性的序列。同时，不同性质的练习并非决然分开，而是应有所偏重，打好基础，使训练效果可持续，形成叠加、整合的效果，达到更高的层次。

5. 处理好负荷与恢复的关系

恢复包括每组练习间的恢复、课次间的恢复（隔天）、周期间的恢复（大、中、小的结合），特别是赛前的调整与恢复等。在没有恢复的情况下进行练习会影响力量训练的效应，特别是对爆发性力量训练。在系统的力量训练中要注意负荷的逐渐递增原则，负荷应该分层次安排，跨度过大，不利于力量体系的整合和力量能力的衔接。

6. 注意力量训练后的放松

力量练习作为高强度的训练，对肌肉的刺激极大，使肌肉疲劳，代谢物积累，肌丝紊乱，功能下降。在训练间歇，特别是力量训练后，要注意使用牵拉、泡沫轴，以及心理学手段、医学—生物学手段进行综合放松，要合理安排训练负荷和间隔时间。不合理的间歇安排对力量训练效果有极大的负面影响。

7. 与专项技术正确结合

强调与专项技术结合的目的是提高专项能力。与技术结合是促使一般力量向专项力量转化，获得专项力量的有效途径。要注意运用激活效应、痕迹效应和神经肌肉记忆功能，安排力量与技术训练的有序结合。要处理好不同水平和年龄层次的训练负荷，因为专项力量练习的负荷强度通常较大，要避免早期形成错误的动力定型。

8. 平衡协调发展

要处理好"力量区"与"非力量区"、大肌肉与小肌肉、主动肌与协同肌及对抗肌；近端肌肉与远端肌肉、力侧与弱侧、核心力量与四肢力量、前群肌与后群肌等之间的关系。力争全面协调发展，有序推进，避免短板效应及错误的代偿性动作，降低受伤概率。

9. 系统安排，循序渐进

有研究显示，力量素质具有增长快消退也快、增长慢消退也慢的特点，消退的速度是增长速度的 1/3。要系统、长期地坚持力量训练，不要突击式地强化力量训练。

三、力量素质训练的方法与手段

力量分为最大力量、相对力量、快速力量、力量耐力、反应力量等，各种力量对人体运动起到不同的作用。但人体系统是复杂的，人的运动也是复杂的，特别是在较长时间的持续运动时所能表现出的能力，绝不是各种力量的简单相加，而是在人体神经系统的支配之下，各系统协同作用，通过肌肉、肌群、关节有序配合的结果。科学训练的目的，就是根据运动专项需要，挖掘各种力量的潜力，通过长期的整合，形成一个结构完整、功能完善的力量体系，应对各种复杂运动需要。各种力量之间的关系如图 4-1-1 所示。

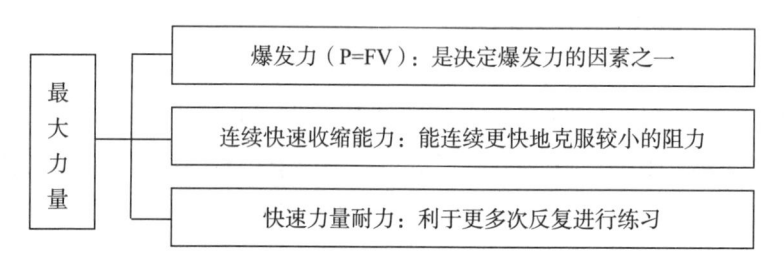

```
               ┌── 爆发力（P=FV）：是决定爆发力的因素之一
最              │
大 ─────────────┼── 连续快速收缩能力：能连续更快地克服较小的阻力
力              │
量              └── 快速力量耐力：利于更多次反复进行练习
```

图 4-1-1 最大力量与其他力量的关系

（一）力量素质训练方法的种类和要素

1. 力量素质训练方法的分类体系

力量训练主要有动力性、静力性和电刺激 3 种方法。动力性力量训练包括克制（向心）、等动（等速）退让（离心）和超等长 4 种训练方法。克制训练法又含有重复法、强度法、极限训练法、快速用力和极端用力法 5 种训练方法。

2. 力量素质训练方法的要素

（1）基本要求

动力性力量训练方法主要由负荷的强度（重量）组数、每组的重复次数、组间的间歇时间等要素组成，不同的训练目的，要求对这些要素进行调整。这些要素之间的关系如表 4-1-2 所示。

表 4-1-2　发展不同类型力量的负荷安排（动力性）

目的	强度（%）	组数（组）	每组重复次数（次）	动作快速	每组间歇（分）
最大力量	≥85	6～10	1～5	快—适中	2～5
快速力量	70～85	6～8	3～6	极快	充分
肌肉体积	60～70	4～8	≥8	适中—慢	1～1.5
力量耐力	≤60	2～4	≥12	适中	≤1

（2）力量训练的频度

一般可以每周进行 3 次力量练习，每次持续 45～75 分钟。每次力量练习之后休息一天，或安排其他性质的练习，保证肌细胞的恢复和重建，使肌肉更强壮。因此，一周力量练习可以安排周一、周三、周五或者周二、周四、周六。

（3）每次练习的组数

目的不同，采用的组数有差异。在体能训练中，通常认为 3～5 组能使力量练习的效果达到最佳状态，5 组之后的练习效果显著下降。

（4）负重及重复次数

训练目的和项目差异对负重及每组练习的次数有很大影响。开始练习时可采用较轻重量，以每组可重复 8～10 次的重量为宜（腹部练习除外），再逐渐增加负重。

（5）增加重量的时机

典型的增加力量的训练计划，通常选择可以完成 8 次的重量开始，当达到能够完成 12 次负重能力时，就可以增加重量（约 5 千克）。

（6）不同的练习方式及效果

低重复高强度和高重复低强度是两种不同的力量练习方式，分别产生不同的效果。通常低重复高强度对发展力量速度、爆发力更为有效，而高重复低强度可以有效地提高力量耐力。

（二）最大力量训练方法

1. 训练原理

最大力量是指人体募集尽可能多的肌纤维克服最大阻力的能力。最大力量并不是专项力量，但同专项力量与竞技能力和专项成绩的高低关系密切。人体运动能力与特定肌肉刺激的方式有关，肌肉受到特定的刺激产生力量，引起骨骼、关节的各种运动。运动包括简单的、单一的关节运动和复杂的关节运动，两者对肌肉的要求不同。体能训练计划应包括对多关节进行必要的训练，训练的重要性是建立在神经肌肉活动与协调性的基础上。运动单位被募集会产生不同形式的力量——最大力量、快速力量、爆发力等。快肌纤维与慢肌纤维的收缩特点不同（表4-1-3）。

表4-1-3 不同肌纤维的收缩特点

类型	阈强度	肌纤维数量	收缩速度	产生力值	要求刺激强度
快肌	大	多	快	大	高
肌	小	少	慢	小	低

依据肌肉募集原则，肌纤维具有由小到大动员的顺序，即小运动单位（慢肌）先动员，负荷逐渐增大，大运动单位（快肌）才参与收缩。肌肉受到不同强度刺激时，慢肌和快肌的参与方式不同，阈强度低的运动单位（慢肌，红肌）先于阈强度高的运动单位（快肌，白肌）参与活动。通常较小负重、慢速的练习会优先刺激慢肌参加工作，而快肌基本不参与。而大强度负重或虽然较小负重但以极限速度完成动作时，在神经系统的调配下可以动员全部或大部分白肌纤维首先参与收缩，后期红肌纤维也参与进来，从而达到发展最大力量的目的。

因此，最大力量训练的特点是让所有的或绝大多数的运动单位（包括慢肌）都参与运动，选择大负荷，刺激几乎全部肌纤维参加工作才能有效提高最大力量。力量耐力的训练负荷要采用中小强度、次数多、持续时间较长的训练才能达到目标。快速力量训练因为对速度、动作技术有极高的要求，负重要控制在70%～85%之间，因此，负荷的选择对力量训练效果十分重要。现代体育科学研究表明，不同强度负荷方式，力量训练效果不同。

2. 训练方法

根据上述原理，通过两种方式可以提高最大力量，具体如下：

（1）提高神经支配能力

使用85%以上的负荷强度，极限用力，募集尽可能多的肌纤维参加工作。注意组间间歇相对充分，速度适中。

（2）增加肌肉横断面

使用60%～85%区间的负重，次数较多，接近力竭，但留有余地，可以动员尽可能多的肌纤维参加收缩。次数要求多于6次，一般在8～12次之间。特别是后面几次和后面几组练习要尽力坚持。

（3）负荷安排

发展最大力量训练的主要方法有重复法、强度法、极限强度法、极端用力法、离心（退让）练习法，还有静力练习法和电刺激法等，不同的方法选择的负荷有差异。其中，离心训练由于可以承受比向心收缩更大的负荷，其效果被证明是十分突出的，但是，在实践中常常被忽略，应该引起重视。而且单一的训练方法容易使肌肉产生高度适应，从而降低训练效果，因此，多种手段综合使用对最大力量训练的效果更好，可以避免产生"力量障碍"。

3. 最大力量训练举例

（1）金字塔负荷模型（图4-1-2）

训练负荷依次为 85%×6 → 90%×（3—4）→ 95%×（2—3）→ 100%×1。

（2）双金字塔负荷模型（图4-1-3）

训练负荷依次为 80%×4 → 85%×3 → 90%×2 → 95%×1 → 90%×2 → 85%×3 → 80%×4。

以上练习的次数和组数可根据需要和个人实际适当调整。

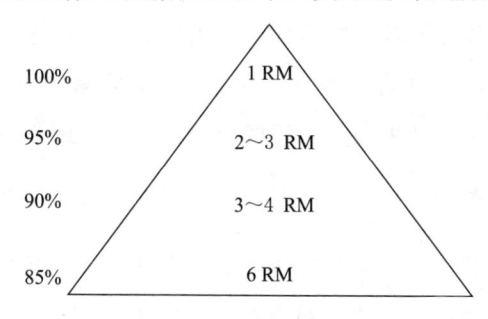

图 4-1-2　金字塔负荷模型

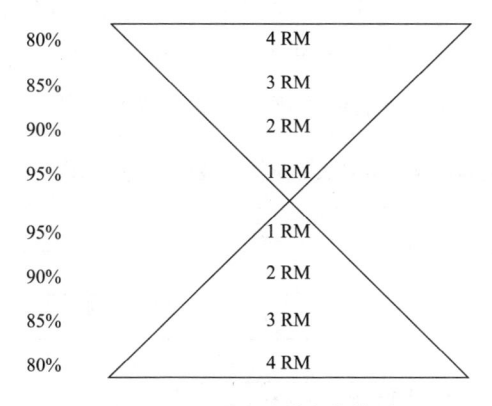

图 4-1-3　双金字塔负荷模型

4. 退让性、静力性训练举例

（1）深蹲、卧推

负荷 110%～150%，加助力推起，加保护缓慢放下。静力性训练时，选择在某一关节角度保持静止。

（2）仰卧直臂下压

仰卧凳上，两手持哑铃（适当重量），快速直臂下压（头上），慢速直臂上摆。静力性训练要求同上。

由于离心和静力性训练时负荷大、刺激深，训练时要注意以下几个方面：

①控制时间因素：离心收缩的时间要长于向心收缩的时间，如卧推时缓慢下放动作3～4秒，然后快速上推动作1～2秒。静力性练习要根据负荷强度保持5秒以上，以便取得良好的效果。

②准备充分：在离心和静力性练习之前，要有较好的动力性力量基础，并在中、低的强度进行适应性的静力性、离心训练。

③注意结合专项：离心、静力性练习的动作结构与专项动作有较大差距，因此，练习后要注意安排专项性的轻负荷、动力性训练，促进力量转化。

④及时放松：离心和静力性训练对神经肌肉的刺激极为深刻，课后要进行充分的按摩、牵拉，并用其他手段进行积极放松，及时梳理肌丝、筋膜。

（三）爆发力训练

爆发力是竞技体育中十分重要的能力，受先天因素的影响较大，后天训练提高的幅度受到限制，提高最大力量可以在一定程度上完善爆发力的水平。研究认为：当发挥快速力量时间超过150米/秒时，最大力量起作用。当发挥快速力量时间短于150米/秒时，爆发力和起动力起作用。通常可以用原地纵跳、立定跳远、三级跳来直观地反映爆发力的水平（表4-1-4）。

表4-1-4 成年人原地纵跳成绩等级（单位：分）

评价	男子	女子
优秀	＞70	＞60
良好	61～70	51～60
中等	51～60	41～50
一般	41～50	31～40

续表

评价	男子	女子
较差	31～40	21～30
差	21～30	11～20
很差	<21	<11

爆发力的练习负荷范围比较宽，在30%～100%强度之间，也说明爆发力的提高是复杂的、困难的，关键是需要极限速度用力，使神经募集几乎全部的肌纤维参加工作。爆发力的负荷要素如表4-1-5所示。

表4-1-5 爆发力的负荷要素

负荷强度（%）	组数	每组次数	动作速度	组间间歇（分钟）
30～60	3～6	5～10	爆发式	3～4
70～85	4～6	4～6	爆发式	3～4

下列几种方法可以有效地提高爆发力水平：

1. 组合训练

单一的负重练习对爆发力的提高是有限的。有些学者认为，力量的提高未必就能产生最大动力：一是由于负重大，动作速度慢，快速动作模式存在差异；二是其与专项技术在动作结构上有较大差异。现实中存在大量的运动员最大力量突出，而运动表现却并不显著的例子。

实践中，安排组合训练可以促进最大力量向爆发力的转化。在大力量训练后，紧接着安排快速跳跃、起动和专项动作练习，充分利用力量练习后激活效应，可以提高力量训练的专项化效果。

组合练习举例：

（1）杠铃半蹲起＋徒手半蹲跳

半蹲起要求上下转换要快，放下杠铃后紧接进行爆发式蹲跳练习。为增加爆发力的效果，蹲跳时可以借助上拉动作减轻阻力。

（2）杠铃提踵＋徒手直膝跳

主要提高踝关节爆发力，练习时其他关节（膝）尽量保持固定，以脚腕活动为主。直膝跳时，跳过前后左右的标志物（较低），单腿跳也可以提高训练效果。

（3）卧推＋推实心球

用于提高上肢爆发力，实心球可以对墙推，也可以在队友的帮助下采取仰卧姿势向上推。实心球不宜过重，接球、缓冲、上推要衔接迅速，加上超等长练习因素。

（4）力量+超等长+协调性+投掷

美国投掷项目常用这种组合练习，在每组的力量训练后，做超等长的弹性力量练习，再做简单的协调性练习，最后做专项投掷练习。

以上练习要注意次数、组数的搭配，不应使动作速度有明显下降。

组合练习时，要考虑专项的特点，根据需要设计多种组合形式，对全身多个部位进行刺激，并非只有上肢、下肢才能进行组合训练。躯干在核心力量练习后，可以加上投抛实心球，进行组合训练。

2. 反应力量训练

反应力量也叫弹性力量，超等长和快速伸缩复合，被公认为是效果突出的爆发力量训练手段。其原理在其他专业书籍中甚多，不再赘述。

值得注意的是，负荷的安排不当，会降低训练效果，甚至起反作用。如负重过大引起动作变形，影响正确的动作活动结构，或跳栏架时栏架过高，造成缓冲时间过长等。如图4-1-4所示为跳深练习时通过测力台获得的生物力学曲线，左侧栏架高度比较合适，力学曲线显示缓冲—蹬伸很快，起跳迅速。右图为栏架过高，造成缓冲时间过长，蹬伸慢，影响爆发力练习效果，甚至起到反作用。

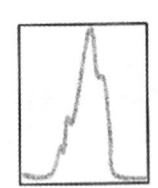

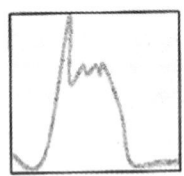

图4-1-4 不同跳深高度生物力学曲线

反应力量训练举例，具体如下：

（1）连续跳栏架或跳箱练习

距离适当，高度适中，以能快速连贯地起跳为宜。前后左右方向可以变化，高低搭配，单腿练习或适当负重可以增加难度，提高效果。

（2）俯卧撑击掌

属于上肢的反应力练习，练习时迅速推起在胸前完成1~2次击掌。可以适当负重，或垫高腿部支撑，或者借助协调绳进行横向移动，以增加难度。

（3）推、抛实心球或能量球

可仰卧上推（在同伴帮助下），也可以两人对推。只要进行动作设计，连续各种方向的抛实心球都可以进行反应力练习。要注意重量适宜，动作衔接迅速，没有停顿。

要改变只有下肢才可以进行反应力量练习的思维，根据专项需要，遵循反应力（超等长）的动作原理，设计有效的动作，也可以对核心技术动作实施反应力量练习。

3. 弹震式训练

传统力量抗阻训练由于负重较大，在连续动作的过程中，每一次动作的结束阶段实际，处于减速状态。有研究认为，减速的时间甚至达到动作时间的24%以上，这就说明有肌肉开始降低参与程度，从而大大影响了力量训练，特别是爆发力训练的效果。弹震式训练在动作过程中，全部肌肉一直处于高强度的工作状态，使动作全程处于加速状态，并将重物推（抛）出，从而提高爆发力训练的效果。如在卧推中把杠铃推出去，负重杠铃（较轻）跳起，都属于弹震式练习。

目前，有研究显示，使用弹震式训练的效果要优于单纯的传统抗阻训练和反应力量训练。这主要是由于弹震式训练由抗阻+反应力量训练两种方式组成，综合了二者的优点，而且重量可以调整，动作连贯，因此整体效果更好。相关研究认为，传统卧推与释放式卧推的杠铃速度相比，在10%的运动幅度位置，杠铃的推起速度即开始出现不一致，反映出加速能力的差异；在60%左右的运动幅度位置，传统卧推的杠铃速度就开始下降，而弹震式卧推还在继续加速（图4-1-5）。

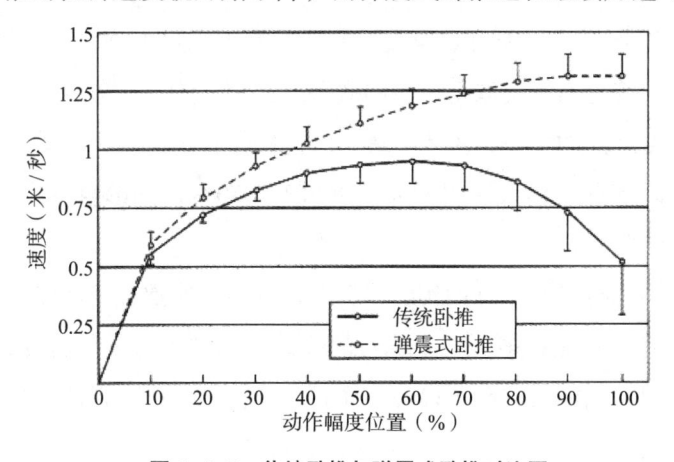

图 4-1-5 传统卧推与弹震式卧推对比图

弹震式训练举例：

（1）壶铃跳

两脚适当分开，双手持壶铃，下蹲紧接跳起，连续动作；或站在两个高度、宽度适宜的跳凳上，使壶铃不着地。用杠铃时不宜太重，以免对肩背造成损伤。

（2）负重单足跳越标志物

负沙袋连续单足跳，跨越标志物6～8个，距离适宜，高度30～50厘米。本练习强度较大，前期要做好充分的准备。负重不宜过重，以免动作变形。

（3）使用末端释放器进行练习

单、双侧都可以进行练习。

自由重量的弹震式训练和利用末端释放器进行的训练还有差异，主要是负荷的调整不灵活，末端释放器负荷范围更大、更安全，可以尽力进行爆发式用力。

4. 功率训练

功率训练有时也叫功效训练。力量训练中经常遇到的一个问题就是如何处理负荷重量和动作速度的关系。负重过大、速度慢，虽然可以提高最大力量，但是很难向专项转化。负重过小、速度快，但是对肌肉的刺激又不够。要解决好二者的关系，既能提高力量，又可以有效发展速度，就要选择适当的负荷，以既定的速度进行训练。物理学上解决这个问题并不困难，测量计算就可以。

运动生物力学认为，爆发力是一种力的梯度变化，等于力量和速度的乘积（$P=FV$）。理论研究认为，以最大负重30%的强度进行快速练习，可以获得最高的爆发力值（功率P最大），也有观点认为，用70%的负荷强度进行训练最佳。但是现实中并不是这样，项目差异大，有些偏重大力量的项目，如举重、投掷、短跑等低负重训练显然不会取得理想的效果。研究认为，功率反映的是肌肉收缩速度与动作速度之间的关系，主要与练习者能够尽快地产生力有关，而不仅仅与最大力量有关。因此，建议使用最大负重30%～80%区间的重量进行快速练习，可以获得理想的爆发力效果。

进行功率训练时，要注意动作的连贯和连续性，次数和组数以不产生较明显的速度下降为宜，不能贪多。功率练习的好处是兼顾了力量和速度二者的关系，促进神经对肌肉控制能力的有效提升，而且是非极限强度，强调过程而不是一次性效果，安全性提高。

（四）力量耐力训练

力量耐力水平对许多项目有非常大的影响，如田径的中长跑项目、划艇、公路自行车、现代五项、铁人三项和足球、篮球、网球等项目，均需要长时间抗疲劳的能力，并维持在特定的强度。游泳项目中运动员的表现与力量耐力的水平有直接的关系。对于球类项目而言，好的力量耐力储备，不仅能保证运动员在后程比赛中有好的表现，也可以防止抽筋等意外情况的发生。

力量耐力练习采用的手段，和其他力量练习没有太大区别，主要体现在负荷强度相对较小，练习次数多，甚至达到力竭。可采用极端数量练习，循环训练法和低负荷长时间的静力性训练。要注意力量耐力训练的间歇时间，并不是间歇越短训练效果就好。研究证实，间歇相对充分，使肌肉在较好的状态下进行力量耐力训练，由于动作效率高，往往会取得更好的效果。

力量耐力训练举例：

（1）高强度极端用力法

＞75%强度，3～5组，每组8～12次，间歇2～3分钟。

（2）低强度极端用力法

30%～50%强度，2～3组，每组多于12次，尽力，间歇1～2分钟。

（3）循环训练法

以站点的方式，按先后顺序进行上肢、腰背、下肢等不同部位练习，安排内容应以8～10个站为宜，考虑到间隔太长影响局部刺激效果，也可以减少站点，练习2～3组（图4-1-6）。

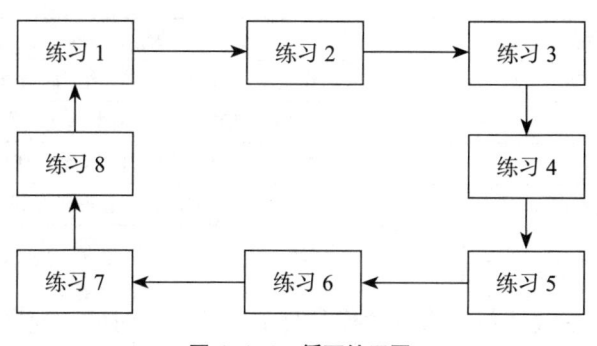

图4-1-6 循环练习图

(五)专项力量训练

1. 影响专项力量训练的因素

专项力量是指以高强度专项运动的形式完成动作时,肌肉克服阻力的能力,即指"那些在时间和空间特征上严格符合专项比赛要求的力量"。从运动生理学的角度分析,专项力量训练主要应从三个方面考虑,具体如下:

第一,使参与专项运动的肌肉,在力量训练时被充分调动起来,肌肉才有可能得到更直接有效的训练。

第二,重视力量练习的技术因素,使肌肉的工作方式(离心或向心工作)和冲动频率(收缩速度)与专项技术一致或一样。

第三,注意肌肉间的协同用力,使肌肉或肌群之间的配合与专项技术特点一致,将机体各环节的肌力整合,形成正确的"用力顺序"。

2. 专项力量动作表现

人们对专项力量及其训练手段的认识主要是表现在生物力学(运动学及动力学)功能解剖学及心理因素等特征的一致性上(表4-1-6)。

(1)动作结构的一致性

动作结构的一致性即动力特征、动作构成、动作过程三个层面基本一致。有些看上去一样的手段,其实并不是专项手段,如壶铃蹲跳和连续杠铃蹲起就有很大不同,蹲跳是开放式动作,有离地腾空的动作,对于跳跃项目来说是很好的专项力量手段,而杠铃蹲起的效果有限。

表4-1-6 专项力量特点的决定因素

特征因素	决定的方向
运动学特征	动作幅度、方向、轨迹、结构、节奏、连接等
动力学特征	肌肉工作特点、生物力学曲线、供能方式等
解剖学特征	参加工作的主要肌肉、关节、肌肉类型等
心理特征	心理定向、心理状态等

(2)动作要素的一致性

动作要素的一致性包括完成动作的姿势、轨迹、时间、速度、速率、力量、节奏等,和专项动作要高度相似。如跳跃项目利用跨栏进行原地摆动练习,由于幅度不够,只有前相位摆动,没有后相位摆动,就不能有效发展专项摆动能力,远不如膝关节或大腿负重进行行进间起跳摆动练习效果好。

（3）肌肉用力特点的一致性

肌肉用力特点一致性指发力速度、动作过程的力学特点、关节角度及肌群和关节间的协调配合等方面，与专项动作一致。其中发力速度的快慢及方式尤其重要，不同速度的动作对神经肌肉的要求有很大差异。

（4）供能特征的一致性

不同项目专项力量训练的能量供应不同。爆发力项目是极限强度运动，主要是 ATP—CP 系统供能。400 米运动对糖的无氧酵解供能能力要求很高，而中长跑项目主要需要红肌纤维的有氧氧化供能。这些差异都需要在专项力量训练中予以充分考虑，达到足够的持续时间。

在持续的专项力量训练中，肌肉工作能力会下降，需要充分地休息，才能维持爆发性项目专项力量训练的效果。现实中，不少教练安排跳的次数过多，间歇又不充分，难以达到提高爆发力、专项力量的效果；或者力量耐力训练时，对负重大小，持续时间、间歇等把握不准，不能有效地提高肌肉的专项力量耐力。

（5）心理定向的一致性

心理定向指动作开始以前和完成动作过程中，心理的准备状态和注意的指向性。人完成任何动作都有心理定向，如起跑时对信号、动作要领的关注，想着正确动作的起跑效果更好，而只注意信号容易出现起跑技术失误。跳跃项目运动员容易把注意力放在起跳动作上，主要放在跑跳结合，特别是放在维持助跑速度、节奏上更利于发挥水平。力量练习时，对待中等负重和大负重就有不同的心理准备，应该关注动作的速度，要求屈伸衔接流畅，转换迅速。

大量实践表明，一般性力量的提高较为容易；快速力量、爆发力提高的难度依次增加；专项力量的增长最为困难，需要在缓慢的过程中，进行足够的累积效应才能发展。

3. 专项力量训练举例

（1）投掷项目

用略轻或略重的器械进行练习，重量以不产生动作变形为宜（约小于20%的标准重量）。相对来讲，采用轻器械的效果更好，因为投掷项目的成绩主要取决于出手速度（表 4-1-7）。器械过重不仅速度慢，而且容易造成动作变形。在组合练习中，进行负重练习后紧接着进行投轻器械练习就是一种很好的发展专项力量的方式。

表 4-1-7　投掷项目出手速度要求

项目	成绩（米）	出手速度（米/秒）
铅球	19	13
铁饼	65	25
标枪	85	26～30

（2）跳高

膝或大腿负沙袋的助跑起跳膝关节触高练习，不宜过重，要有助跑速度。单腿跳箱或跳栏架也是不错的专项力量练习方式。

（3）小球项目

乒乓球、羽毛球等项目中，用弹力带或负小沙袋的快速挥臂练习等。这类练习不足的是阻力难以调整，不能以加速的形式完成最后阶段的动作。

（4）游泳

利用等速动作进行的划水练习；或拖重物、带阻力的游泳。

（5）速度项目

把沙袋绑在腿上（膝、踝）做冲刺跑练习；或采用仰卧方式，用弹力带绑缚在踝关节处，连续做后摆动作。

（六）力量素质训练常用手段

1. 下肢常用动作

（1）杠铃深蹲（后蹲）

①目标肌肉：臀大肌、股四头肌。

②开始姿势：双脚平行站立与肩同宽，上体正直，抬头，展肩，挺胸，别腰。双手掌心向下握住杠铃杆，放置于颈后肩上。

③动作要领：向下时屈膝屈髋，保持上体姿势不变，抬头挺胸，向后抬肘，脚后跟着地，膝关节不要超过脚尖位置，大腿与地面平行，上体略前倾，脚后跟离地。向上时伸膝伸髋，保持上体与地面角度不变，伸膝直至呈完全站立姿势。

④常见错误动作：两膝外张或内扣；手臂放松；肘关节朝下或朝前；向上运动阶段脚后跟离地过早，上体前倾过大，向后仰头。

⑤变化：可做宽窄站位变化，上下速度变化，也可以用壶铃代替接跳起动作。可做前蹲练习（杠铃置于胸前—三角肌前部和锁骨位置）。

利用练习器进行俯身蹬伸练习，是较好的单侧练习方法，对运动员的起动速度有较大的帮助。

（2）坐姿推蹬（腿）

①目标肌肉：臀大肌绳肌股四头肌

②开始势坐在器械座椅上，将背部警部靠在座位上，两脚放在踏板中部，两脚略微张开，脚尖向上，双手握住器械把手。

③练习动作：向前时伸髋伸膝至两腿完全伸直，双脚踩实踏板，上体保持不动，脚后跟不能抬起。向后时屈膝屈髋，以较慢速度回到原来位置，臀部和背部保持不动。

④常见错误：脚后跟或臀部抬起，膝关节内收或张开，向前运动阶段锁膝。

⑤变化：可根据器材调整角度进行斜上蹬或斜下蹬，也可以进行单腿练习或左右交叉练习；做屈伸速度上的变化，固定的速度练习容易产生高度适应而影响效果。

（3）单腿上台阶

①目标肌肉：股四头肌、臀大肌。

②开始姿势：肩负杠铃，手肘向后，腰背挺直。

③动作过程：左腿登上台阶，右腿随后蹬地上摆。当两脚站立至台阶上时左腿下，右脚紧接着移下，后腿积极做好蹬伸配合动作。

④易犯错误：弯腰弓背，腿蹬伸不直；台阶过高。

⑤变化：可徒手或手持哑铃进行练习；负较轻重量或台阶较低时，可在台上跳起，做换腿下；可配合摆动腿负重（弹力带）做上步摆动练习，做蹬摆配合练习。

（4）杠铃硬拉

①目标肌肉：竖脊肌、股四头肌、臀大肌。

②开始姿势：双手握紧杠铃，两手距离略比肩宽。

③练习动作：保持后背平坦，向上时臀部抬起并且膝关节稍稍弯曲。向下时慢慢将杠铃放下超过膝盖5~7厘米，此时感觉到臀部肌肉和后群肌被拉直。

④常见错误：弯腰弓背，弯曲动作幅度太大造成脊柱过度弯曲引发损伤。

⑤变化：可用哑铃或弹力带（脚踩住）代替。

（5）杠铃弓步

①目标肌肉：股四头肌、臀部肌肉、后群肌。

②开始姿势：两手握紧杠铃，双脚与肩同宽或略宽于肩，挺胸，抬头，展肩向后抬肘，将杠铃撑起放置于三角肌后部颈部下方，上体正直。

③练习动作：一条腿向前跨出一大步，弯曲前腿，使大小腿折叠呈90°，前脚脚趾朝前或略微内扣，保持前腿膝、踝、髋关节在同一平面内。膝盖不要超过脚尖位置。后腿屈膝屈髋，膝关节与地面距离为3~5厘米，重心保持在两腿之间。当后腿充分降低时，前腿强有力地蹬伸回到开始的姿势。

④常见错误：向前迈步幅度过小，前腿的膝关节超过脚尖的位置，上体前倾或侧弯，上体后移至原来位置时用力过猛。

⑤变化：可以左右腿交替行走练习；可以改变迈腿方向（左右前方、侧方）；可用壶铃代替；轻负重时可做弓步换腿跳练习，提高快速力量。

（6）俯卧屈腿

①目标肌肉：腘绳肌。

②开始姿势：俯卧在器械板上，膝关节与器械的运动轴对齐，两脚后跟放在器械圆垫下，脚跟靠拢，大腿、小腿和两脚保持平衡。

③练习动作：向上时屈膝至圆垫靠近臀部，双手抓紧扶手，上体紧贴器械板上，向下时伸膝缓慢放回到开始姿势。

④常见错误：向上动作阶段时臀部抬起，借助摆动力量屈膝，阻力过大造成动作幅度偏小。

⑤变化：可以单腿练习，左右腿交替练习；可以用橡皮筋或手部阻力练习；变化速度。

（7）坐姿外展

①目标肌肉：大腿外展肌群。

②开始姿势：坐于训练器上，调整挡板到膝盖位置，双手握住把手，背部紧靠背垫。

③动作过程：两腿用力外展，腿保持较直的状态，然后返回初始位置。

④易犯错误：阻力太大造成动作幅度偏小，要注意保持幅度。

⑤变化：可一腿固定另一腿练习，交替进行；可使用弹力带或拉力器进行站姿或坐姿的外展练习（内收可采取类似方式）。

（8）坐姿内收

①目标肌肉：大腿内收肌群，和外展相对应。

②开始姿势：坐于内收肌训练器上，调整挡板到膝盖位置，双手握住把手，背部紧靠靠背。

③动作过程：两腿用力向内夹紧，直到相互接近，然后返回初始位置。

④易犯错误：阻力太大，动作幅度小。

⑤变化：可使用弹力带或拉力器进行类似练习；做单侧练习，或交替进行。

（9）站姿杠铃提踵

①目标肌肉：腓肠肌、比目鱼肌。

②开始姿势：身体直立，将杠铃放置于颈后肩上，两脚站在平地上。

③练习动作：用力提起踵，通过脚的运动将躯干尽可能地抬高，运动到动作的最高点，缓慢将脚后跟放低，也可快速连续进行。

④常见错误：躯干运动幅度过小，利用落地反弹力起踵，达不到训练目的。

⑤变化：单腿进行，脚前部垫高，用壶铃代替，轻负重时直膝跳。

2. 上肢常用动作

（1）杠铃卧推

①目标肌肉：胸大肌、三角肌前部、肱三头肌、胸小肌。

②开始姿势：仰卧于训练凳上，双手正握杠铃，握距与肩同宽，置杠铃于胸上部，收腹挺胸两脚踩实地面。

③动作要领：推起杠铃至手臂伸直，再下放杠铃至胸部。

④易犯错误：杠铃放得过低、过快容易造成肩部、胸部损伤。

⑤变化：可以使用哑铃进行练习，采用单臂上举或双臂交替上举；可调整两手握距进行训练，宽握距主要针对胸大肌和三角肌前部，窄握距主要针对肱三头肌；也可以斜板上推；速度变化。

（2）俯卧撑

①目标肌肉：胸大肌、肱三头肌、三角肌、前锯肌。

②开始姿势：俯撑在平地或俯卧架上，两手臂与肩同宽。

③动作要领：屈臂下降身体至最大限度，再将两臂伸直撑起身体。

④易犯错误：塌腰弓背，上下动作幅度过小。

⑤变化：两手间距可变换为宽、中、窄三种，背上负重物或垫高下肢可增加动作难度，可增加不平衡因素进行（利用平衡垫），可单臂为主上撑，推手击掌（超等长）等。

（3）双杠支撑

①目标肌肉：胸大肌、肱三头肌、三角肌。

②开始姿势：双臂伸直支撑身体，膝盖弯曲，脚放在身后，躯干保持正直。

③动作要领：弯曲双臂使身体向下，肘关节稍向外。降低身体到完全伸展，然后推起回到开始姿势。

④易犯错误：身体摆动或侧歪（因力量因素）。

⑤变化：可以在身上悬挂铁链增加负重，或用弹力带减负进行，垂直或前倾进行，推离双杠做超等长练习，支撑宽窄变化，上下速度变化。

（4）立姿快推杠铃

①目标肌肉：三角肌、肱三头肌、前锯肌、斜方肌。

②开始姿势：双脚并立或前后开立，两手同肩宽握住杠铃于胸前。

③动作要领：向斜上方挺举，双脚可做前后交叉动作，动作连续快速。

④易犯错误：负荷过重，动作缓慢、变形，碰触下颚。

⑤变化：可用哑铃代替；可在前后或左右移动中练习，提高难度。

（5）哑铃仰卧飞鸟

①目标肌肉：胸大肌、三角肌、前锯肌。

②开始姿势：仰卧于训练凳上，两手各持一哑铃在胸上方，伸直双臂。

③动作要领：向体侧做扩胸运动至大臂与地面平行，双臂再向上举至起始位置。

④易犯错误：扩胸时，肘关节弯曲过大。

⑤变化：可采用不同斜度，哑铃路线变化，可增加不平衡因素（如背垫实心球等）。

（6）拉力器夹胸

①目标肌肉：胸大肌、三角肌前束。

②开始姿势：两手左右抓住拉力器把手，掌心向内，两脚开立，比肩略宽（或两脚前后开立，一脚略前于另一只脚）站在拉力器中间，背部挺直，肘关节微屈。

③动作要领：向身体斜下方拉绳索至两手相触，保持1～2秒，再缓缓还原至起始位置。

④变化：可单臂或左右交替进行练习，也可以调整拉力器高度做由下往斜上方的夹胸运动，用弹力带练习。

（7）杠铃俯身划船

①目标肌肉：背阔肌、肱二头肌、斜方肌、菱形肌。

②开始姿势：深蹲姿势，手握杠铃，握距略宽于肩，伸直双腿。

③动作要领：屈膝屈髋，身体前倾，提拉杠铃至腹部，然后伸直手臂。

④变化：可使用哑铃进行练习，也可单臂或单腿或交替进行；俯身45°左右效果更好。

（8）坐姿划船

①目标肌肉：背阔肌、肱二头肌、大圆肌、斜方肌、菱形肌。

②开始姿势：坐姿屈膝，双脚放于地面，面对拉力器，两手手心相对握住器械把手。

③动作要领：收腹挺胸坐直，将把手拉向腹部，手臂贴紧躯干，再返回到起始姿势。

④易犯错误；动作幅度过小，过分后仰等。过程中注意腰背挺直。

⑤变化：可单臂或者交替进行，也可抬肘成水平做宽拉练习，可以弹力带替代，可增加不稳定因素（坐于平衡垫或瑞士球上）。

（9）器械高位下拉

①目标肌肉：背阔肌、肱二头肌、大圆肌、前臂肌群。

②开始姿势：坐姿，双手正握器械，握距比肩略宽。

③动作要领：下拉把手至胸口处，向上时手臂接近自然伸直。

④易犯错误：耸肩、后仰、弓背等。

⑤变化：可以改变握距来增减动作难度，可以采用反握来增强肱二头肌的训练，可以增加不平衡因素（坐在平衡球上），可单臂或交替进行，可跪姿进行，拉至颈后。

（10）引体向上

①目标肌肉：背阔肌、肱二头肌、大圆肌、前臂肌群。

②开始姿势：双手正握单杠，握距比肩略宽。

③动作要领：将身体上拉至下颌靠近横杆，再下降至初始位置。

④易犯错误；动作幅度过小；下放过快，造成拉伤。

⑤变化：握法可变为反握，增强肱二头肌的训练；握距作宽窄变化；可以负重或正反握结合进行；也可以变化上下速度；可配合收腹动作。

（11）杠铃耸肩

①目标肌肉：斜方肌。

②开始姿势：提杠铃于身体前方，收腹挺胸。

③动作要领：向上使双肩靠近耳朵，向下回到起始位置。

④易犯错误：下落不充分，屈肘上提。

⑤变化：可以使用哑铃代替进行练习，做肩前后画圈的动作，可单侧、双侧交替进行练习。

（12）杠铃站姿提拉

①目标肌肉：三角肌、斜方肌、肱二头肌。

②开始姿势：双手正握，握距较窄，提起杠铃。

③动作要领：杠铃始终贴紧身体向上，拉至大臂和地面平行，肘关节与肩关节、手部同高或略高。向下返回起始位置。

④易犯错误：腰背上拱，肘外翻，上推动作过多。

⑤变化：可用哑铃或弹力带替代，可支撑在实心球上增加难度，可单臂或双臂交替进行，可与划船动作结合练习。

（13）杠铃弯举

①目标肌肉：肱二头肌、肱肌、肱桡肌。

②开始姿势：直立，双手反握杠铃，置于大腿前。

③动作要领：大臂不动，将杠铃举至胸前，再缓慢返回初始位置。

④易犯错误：身体后仰，下放过快。

⑤变化：可用哑铃弯举或者拉力器弯举，采用单臂或双臂交替进行；可改变姿势进行（仰卧、斜卧）；也可用不稳定因素增加难度。

（14）肱三下压

①目标肌肉：肱三头肌。

②开始姿势：双脚与肩同宽站立于拉力器前，双手握住线圈把手，掌心向下或掌心向内相对，肘关节弯曲，小臂向前伸直与地面平行，大臂不动。

③动作要领：小臂带动手向下后方拉，至双臂完全伸直，保持1～2秒。然后小臂随重力慢慢回到起始位置。

④变化：可利用弹力带替代，可单臂进行，也可增加不稳定因素（站在平衡垫上）。

3. 全身协调用力动作

（1）杠铃高翻

①目的：全身协调用力，提高全身力量水平。

②开始动作：两脚开立，与肩同宽。下蹲，髋部低于肩。两手闭握杠铃，握距宽于肩。两臂置于两膝外侧，肘伸直。小腿距离杠铃约3厘米。头与躯干成一条直线。

③动作要领：用力伸髋伸膝将杠铃抬离地面，杠铃贴近身体上行至胸前，迅速翻腕下蹲。

④易犯错误：上行杠铃离身体过远，过于依靠上肢力量。

⑤变化：可用哑铃或壶铃替代；可分两次进行，先提至膝处，再行高翻。

（2）杠铃深蹲抓举

①目的：同上面杠铃高翻。

②开始动作：同上面杠铃高翻。

③动作要领：两脚开立，与肩同宽，杠铃置于前方地面，双膝靠近杠铃。深蹲同时双手垂于体侧抓住杠铃杆，迅速伸膝、伸髋，双臂快速提拉，紧接举起杠铃至头顶并下蹲，杠铃置于头部上后方，然后站起保持静止，随后将杠铃放置于地面。

④常见错误：弯腰弓背，手臂弯曲，腰腹前倾过度导致杠铃向后掉落。

（3）杠铃挺举

①目的：全身爆发式协调用力。

②准备姿势：同上面杠铃高翻。

③动作要领：站在杠铃后方，双脚与肩同宽呈深蹲姿态，双手正握杠铃。然

后伸膝伸髋，同时快速提拉杠铃至胸部成高翻姿势。待稳定后，屈膝预蹲，紧接着发力上举至头上，同时做前后弓步分腿，再上举杠铃至头顶，停留几秒，然后下放杠铃至胸部，放于地面。

第二节 速度素质训练

一、速度素质训练概述

（一）对速度的认识

速度是一种综合素质，是人体重要的运动素质之一，是体能训练中极为重要的一个部分。它是指人体快速移动的能力，也指人体的部分环节快速完成动作和快速做出运动反应的能力。它对人体整体运动能力的提高有着重要意义。

近年来，随着科学技术和研究的不断深入，体能研究的理论和实践有了突破性进展，速度素质的研究成为其中的重点之一。我国现代体育多受国外发达国家的影响，很多观念与国外比较相近。我国学者将运动中速度素质具体分类为反应能力、快速移动能力和快速完成动作的能力。国外速度训练相关研究表述也多为相似的内容，不同的是对速度素质的组成有不同表达。2011年，美国出版的《Strength and Conditioning》一书将速度素质分为加速度、最大速度和速度耐力三部分。国际田径联合会出版的教材《教练理论入门》一书将速度分为最大速度、最佳速度、加速度、反应时、速度耐力五种类型，并认为人的速度能力发展在发育过程中存在"机会窗口"，即提高速度的最佳时期，要注重对速度"机会窗口"的把握。

速度素质练习最初是针对田径运动项目中身体整体周期性移动速度的训练，之后随着速度素质训练研究的深入，速度训练不断扩展到田径运动以外的领域。现在的速度训练研究，主要针对各项运动的专项速度训练。在不同的运动项目中，速度素质具有同样重要的作用。例如，球类运动中，移动速度、进攻速度、击球速度、反应速度、动作速度往往是取得胜利的重要保证；投掷项目需要器械出手的动作速度。因此，速度素质的发展水平高低，在很大程度上决定着运动成绩的高低和比赛的胜负。美国职业篮球联赛之所以引人入胜、精彩纷呈，核心因素之一就是具有激烈的速度和身体对抗，一般运动队的速度节奏达不到这种水平。因此，速度是运动员达到和维持最佳竞技状态的保证，是取得优异运动成绩的重要条件，是衡量练习者身体素质水平的重要指标。

（二）速度与力量

速度在理论上被分为反应速度、动作速度和位移速度，又可以分为无氧速度、有氧速度，但速度绝不仅仅与跑有关，而是人体综合能力的反应，高水平运动员在运动场上的表现尤其如此。有研究认为，在特定的运动专项或技术中应用爆发力的结果就是速度。在大多数运动项目中，改变运动方向和运动速度的能力较之获得和保持速度的能力更加重要，说明快速力量灵敏性特别是爆发力对速度素质的重要影响。实践表明从60～200米的周期性短距离田径项目中，爆发力、最大力量、肌肉放松能力对短跑成绩的影响存在很大关系。距离越短，力量因素的影响越大；随着距离的增加，肌肉放松能力的作用在增强，因为只有肌肉放松才能提高肌肉的发力效果，并在很大程度上节省能量消耗。长距离运动、其他球类项目同样如此。

（三）速度与能量供应

能量供应系统及其效率直接影响速度表现。人体运动能量产生的过程包括无氧代谢（磷酸原系统、糖酵解系统）与有氧代谢（有氧氧化系统）两种方式。实际上在任何运动中这三种供能方式均同时发生，依据运动强度和持续时间的不同，供能的比重不同，有主次之分而无绝对界限。短跑主要依靠磷酸原系统和糖酵解系统供能，数据显示（表4-2-1），在短跑训练中，提高糖酵解供能能力、有氧供能能力和磷酸原供能能力同样有意义。到20世纪80年代后，肌肉活检测定显示，100米跑中40米、60米、80米、100米各跑段中肌肉ATP、CP、肌肉乳酸、pH等的变化，在60米后糖酵解供能增加。有人对100米跑进行了力能学分析，认为100米跑糖酵解供能为65%～70%，跑后血乳酸升高和消除速率与运动成绩有密切关系。这提醒人们综合提高运动员三个能量供应系统的能力，在短距离速度项目中具有重要价值，而不仅仅是ATP—CP系统。

表 4-2-1　不同时间最大用力运动系统供能比例

用力时间（秒）	磷酸原系统	糖酵解系统	有氧代谢系统
5	85%	10%	5%
10	50%	35%	15%
30	15%	65%	20%
60	8%	62%	30%

（四）关于速度训练手段

不同手段的效果也是速度训练研究的重点。早期的速度训练主要是各种段落跑的练习，并逐渐融入了力量练习内容。在过去的几十年中，助力跑和阻力跑训练方法的实效性逐渐得到了国内外短跑教练员和运动员的广泛认同，并将其视为短跑训练实践中，提高速度表现和突破速度障碍最为常用的手段。但是，也有人持相反观点，认为助力跑和阻力跑训练可能存在破坏短跑技术结构和增加运动损伤率的负面效应，特别是在青少年训练阶段，应谨慎使用。

20世纪60年代，苏联人首先使用了跳深练习，并在短距离、跳跃项目上取得了令人瞩目的成绩。后期这种方法被称为"超等长"或"反应力"训练，并在世界范围内流行。但是，反应力的训练需要根据项目精心设计，不同年龄和项目等的要求并不相同。有研究认为，在运用"跳深"练习发展反应力量时，应该强调快速和连贯，而不能过于追求高度。

目前，随着运动科学的发展，人们不再局限于步幅、步频对速度能力的影响，而是逐渐深入，从神经肌肉系统功能和能量供应的角度，探讨进一步提高速度能力的方法。

国外对速度训练的研究从概念、分类、主要的训练方法都与我国现阶段的认知大致相同。目前，速度能力及其训练被广泛应用于选材、体育科学研究、后备人才培养、竞技运动员的体能训练及普通人群的健身领域。

二、速度素质训练的基本理论

现代训练理论把速度分为反应速度、动作速度、移动速度、加速度、专项速度等几种速度类型，但速度是一种综合能力。各种类型的速度在人体神经肌肉系统的控制之下有机融合，相互影响，形成完整的人体快速运动能力系统。因此，在速度训练中要有系统观和整体观。

（一）速度素质的概念、分类

1. 速度素质的概念

速度素质是指人体或某环节快速运动的能力，包括人体快速完成动作的能力、对外界信号刺激快速应答的能力和快速位移的能力。速度是一种综合能力，是人的基本运动素质。快速力量、爆发力、神经支配及技术合理性对速度素质有重要影响。

2. 速度素质的分类

根据表现形式，可以把速度分为下列几种：

（1）反应速度

反应速度是指人体对所处环境的各种信号刺激（声、光、触、味等）的快速应答能力。反应时受遗传因素的影响较大，占75%以上。人体通常对触觉的反应时最短。反应时也叫反应潜伏期，是指运动员接受刺激与做出第一个肌肉动作之间的反应时间，在大多数运动项目，特别是对抗性项目中，反应时起着重要作用。

反应时虽然遗传度较高，但是仍然有较大的可塑性。通过合理的训练，可以把受遗传因素影响所决定的最高反应速度表现出来，并稳定下来。反应速度与下列因素有关：

①注意力专注程度及身体机能的即时状态。

②对信号刺激的认知与判断。

③反应性动作技能贮备及动作效率。

④人体感受器的敏感程度等。

（2）动作速度

动作速度是指人体或人体的一部分完成单个动作或成套动作的快慢以及单位时间内重复动作次数多少的能力，分为单个动作速度、成套动作速度及动作速率三种。

动作速度是运动员成绩表现的重要组成部分。现阶段对动作的关注出现了新趋势，功能性动作成为运动训练的重要内容，对功能性动作的评估可以很大程度上反映成绩表现。下列因素与动作速度有密切联系：

①神经肌肉系统激活状态。

②白肌纤维参与程度。

③爆发力水平。

④动作熟练程度及协调性。

（3）移动速度

移动速度也叫位移速度，是单位时间内人体重心移动的距离。通常用通过一定距离的时间或单位时间内所通过的距离来表示，如短跑运动员的跑速、跳高运动员的助跑速度等。位移速度的影响因素主要有以下几点：

①神经肌肉系统的灵活性。

②肌纤维比例及肌肉协调放松能力。

③快速力量水平及能量贮备。

④人体各器官系统的协同配合。

⑤移动技术的合理性。

另外，在运动现实中还有衔接瞬时速度，即运动中各单一速度或个体速度之间转化、传递的快慢。它是由位移速度、动作速度、反应速度、器械运行速度、个体之间的配合等因素相互作用产生的综合效果，表现为动作环节间的衔接，如跑跳衔接、跨跳结合、助跑与投掷出手的衔接、球类项目中的攻防转换、进攻衔接等。衔接的合理运用具有实践意义。

以上几个速度类别形成了一个完整的速度系统结构（图4-2-1）。

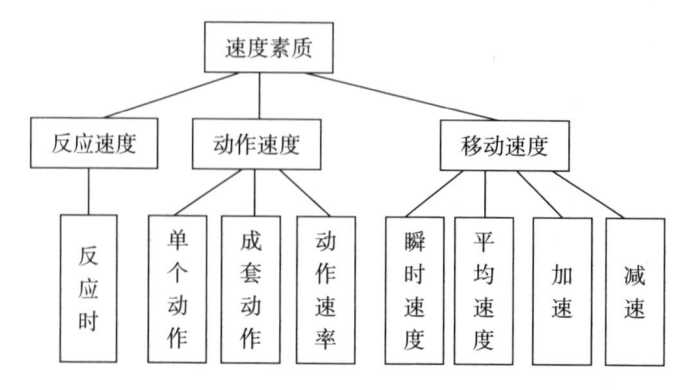

图4-2-1 速度素质系统结构

（二）速度素质的影响因素

速度作为一种综合能力，受多种因素的制约和影响。既有先天的生物因素，也有后天的训练因素。从总体上看，人的速度素质或能力，主要受到下列因素的影响和制约：

1. 神经系统支配能力

速度是在神经系统的支配下，通过骨骼肌收缩，牵引骨骼进行的杠杆式运动。神经对肌肉的支配能力对速度有最为直接的影响。神经活动的基本过程有两个，即兴奋和抑制。兴奋是指神经活动由静息状态或较弱的状态，转为活动或较强的状态；抑制是指神经活动由活动的状态或较强的状态，转为静息的状态或较弱的状态。神经系统通过兴奋和抑制活动，控制肌肉进行收缩和放松，神经系统发放冲动的频率、强度，传导速度的加强，以及降低、调整，直接关系肌肉的收缩与放松的转换效率。通过专门的训练可以提高神经系统对肌肉的支配控制能力。

2. 肌纤维组成

肌肉纤维分为快肌纤维和慢肌纤维两种类型，具有不同的生理特性。快肌纤维力量大，疲劳快；慢肌纤维力量小，不易疲劳，可以持续工作。人体肌纤维类型比例，主要受遗传因素的影响，但是后天训练因素可以改变其功能。研究显示，优秀的短跑、跳跃项目运动员白肌纤维可达到80%，优秀长跑选手的红肌纤维同样可以占到80%，这一方面源于天赋，另一方面源于对长期训练的适应。训练促进了白肌纤维中亚纤维类型（Ⅱx）的转变，使其具有典型的白肌纤维或红肌纤维特点。因此，速度、力量的负荷选择及引起的肌肉特性的改变对速度素质的发展起到极其重要的作用。

3. 能量系统供能能力

人体运动要消耗能量，通过能量供应系统不断地把能源物质运送到运动系统参与工作。

根据运动强度和时间的不同，人体有选择地使用磷酸原系统（ATP—CP）、糖酵解系统和有氧氧化系统。磷酸原系统供能迅速、短暂，仅能维持10秒左右；有氧氧化系统供能缓慢但持久，可以长达数小时；糖酵解系统处于中间，由于有乳酸堆积，容易引起机体疲劳，因此在进行极限大强度的运动时，乳酸系统供能维持在 1 分钟左右（有观点认为在 45 秒左右）。从需要上看，磷酸原和糖酵解供能能力的提高，是发展和维持速度能力的核心任务。科学的训练可以打通三个能量供应系统之间的联系，提高人体综合供能能力。

4. 连续动作的合理性与协调性

评价技术的指标有实效性、经济性、合理性，好的运动技术能够三者兼顾，特别是对连续、持续的运动项目。动作放松、协调是动作经济性、实效性的前提，放松技术是建立在正确的移动动作技术之上的，形成合理的肌肉用力方式和节奏变化，是达到最佳运动成绩的经济高效的运动技术。如何在力量训练中完善肌肉的协调放松能力，提高中枢神经系统的灵活性是体能训练的重要方向。在运动技术训练中必须糅合力量、速度的因素，而在力量、速度训练中，必须充分体现专项动作技术的特征，做到力量、速度、技术的一体化综合提高技术规格与体能状态密不可分。有什么样的体能水平很大程度上决定了运动员的技术层次。短跑运动员下肢爆发力突出，骶腰肌、大腿后群肌发达，就可以表现出前摆后扒迅速、触地时间短的优秀技术，否则会出现"坐着跑""高抬腿跑"向前性差的现象。网球运动员的体能、爆发力直接影响运动员的击球、回球、发球（ACE）的动作效率。只有不断提高体能水平，才能持续提高技术层次。

（三）速度素质训练要点

速度按照对运动专项成绩的影响，可分为一般速度和专项速度；按不同的表现形式可分为反应速度、动作速度和位移速度。一般来说，运动员表现出来的速度素质都是这三种表现形式的综合体现，只是不同的项目中三者体现的比重和过程不同，既有所区别，又相互联系。位移速度是由各单个动作和动作速率组合而成。反应速度又往往是动作速度和位移速度反应后的第一个动作速度。因此，在发展速度素质中，要考虑三者之间的相互关系，如位移速度的训练中，提高反应速度是前提，而动作速度则是其基础。

速度素质是掌握运动技能的重要前提，速度与力量的结合则构成速度力量，与耐力结合则构成速度耐力。速度在各个运动项目中的作用是由项目特点以及运动员本身的生理特征所决定的。因此，速度练习的性质、数量以及比例的安排要因项、因人而异。对于起直接决定因素的项目，如径赛项目来说，速度的最大化是整个训练的目的；而对于起间接作用的项目，如田赛项目、球类项目来说，速度的最优化是训练目的。因此，要结合项目的特点，进行有针对性的训练才能最大限度地发挥速度的作用。

1. 突出以爆发力为主的快速力量

速度是力量素质，特别是爆发力在运动中的体现。爆发力对周期性短距离项目具有重要影响。作为一种极端的快速力量形式，爆发力是众多运动项目所重视的因素，从运动生物力学的观点看，爆发力 P=FV，力量与速度都是影响因素。因此，在短时间里，能够尽可能展示力量的能力，成为训练的重点，是一种力的提高梯度的变化。实际中组合训练（力量＋快速动作）、反应力训练、功率训练是提高快速力量的重要方法。

2. 合理发展三个供能系统

运动要消耗能量，不同的运动形式主要是强度差异，对磷酸原系统（ATP—CP）、糖酵解系统、有氧氧化系统依赖程度不同。要注意的是，三个能量供应系统是一个完整、相通的体系，并不存在单独工作的现象，而是根据运动需要以某个系统为主。

从原理上来讲，有氧供能系统能力是基础，有氧能力强不仅使运动员可以抵抗大负荷的训练，而且恢复快，可以更多地进行高强度的训练。磷酸原系统是能量供应的直接环节，但是肌糖原、肝糖原的储备有限，在极限强度、无氧的状态下，10秒左右消耗殆尽，而要维持继续运动就要通过糖酵解供能。因此，糖酵解供能是整个能量供应系统的中间环节，是"连接性"供能系统提供有氧和磷酸原系统供能能力之间的桥梁（表 4-2-2）。

表 4-2-2　不同运动负荷人体能量动员的顺序、代谢特点及对应体能关系

时间与运动强度	短时间高强度	较长时间大强度	长时间中小强度
主要能力供应系统及比例	ATP—CP 系统为主 糖酵解供能极少 糖氧化供能极少 脂肪、蛋白质分解供能几乎没有	ATP—CP 系统较少 糖酵解供能为主 糖氧化供能较少 脂肪、蛋白质分解供能极少	ATP—CP 系统极少 糖酵解供能很少 糖氧化供能为主 脂肪、蛋白质分解供能较多
发展目的	爆发力、爆发速度 冲刺速度、力量耐力	速度、速度耐力	有氧耐力

在竞技体育领域，各类项目的优秀运动员都表现出良好的持续对抗和连续比赛的能力，这与他们有着十分突出的糖酵解乳酸供能能力是分不开的。世界著名短跑运动员博尔特，早期曾经练过400米项目，在鼎盛时期的非赛季，也有参加400米比赛的做法，良好的糖酵解供能能力，为其在短跑上的成就打下了良好的基础。

3. 培养正确的技术动作与协调性

技术是竞技能力的重要组成部分，是运动员有效发挥体能的桥梁。如果没有符合生物力学要求和适应个人特点的技术动作，就不会有完美的表现。以短跑为例，100米是高速向前的周期性运动，需要高度的ATP—CP供能，其核心技术是髋关节的前后摆动，通过伸髋前摆，后扒着地产生高速位移。因此，在短跑的快速力量练习中，尤其要突出髋关节的摆动能力，以增强脚底和踝关节肌群的离心—向心收缩能力。传统的杠铃、跳跃练习很难对腿的高速摆动产生影响。

高速跑中的协调、放松能力也是关键因素之一。技术动作的合理性、实效性与人的协调性、灵敏性高度相关。协调能力是人体不同系统、不同部位、不同器官协同配合完成技术动作和战术活动的能力。协调能力的好坏直接影响技术、战术的形成和发展，作为一种复杂的生物活动能力，协调能力与速度、力量、耐力、柔韧等身体素质密切相关。10～12岁是人的协调性发展的敏感期也是有效发展速度能力的"机会窗口"。

协调性是灵敏素质的基础。灵敏素质指在各种突然变化的条件下，改变身体运动的空间位置和运动方向，以适应外界环境变化的能力。灵敏素质本身就是多数运动项目的专项能力，如球类项目、格斗对抗类项目。灵敏素质的高低一般由平衡能力、速度、力量和协调能力决定。灵敏素质在7～12岁稳定提高，13～15岁时下降，然后又逐渐稳定提高，成熟期下降。

在青少年阶段，重视协调性、灵敏性发展，抓住敏感期，实施科学的训练，对正确技术的形成，以及后期运动生涯中所能达到的高度，有重要的影响作用。

4. 重视提高绝对速度

影响田径短跑成绩的因素有反应时、加速能力、最高速度、速度耐力，但其制胜因素是绝对速度和维持这种高速度的能力。我国男子短跑近几年取得了进步，但与世界优秀短跑运动员相比，差距仍然明显，最主要的差距不是在起跑、加速能力，而是在绝对速度上（表4-2-3）。与世界级短跑运动员相比，我们的优秀短跑选手通常前30米领先，60米基本平行，后程被拉开。

表4-2-3 中外优秀短跑运动员途中跑最高速度

姓名	性别	国家	最高速度（米/秒）	100米成绩（秒）
乔伊纳	女	美国	10.99	10.49
张彩华	女	中国	9.73	11.35
刘易斯	男	美国	12.05	9.86
博尔特	男	牙买加	12.20	9.58
郑晨	男	中国	11.28	10.1（手记）

有绝对速度上的优势，同样会使运动员在其他项目中占有有利地位。网球运动员的绝对速度慢，在大角度来回地奔跑中就会落下风；篮球项目速度水平低，就很难跟上对方持续快速的进攻节奏。场地宽阔的足球项目对速度有更高的要求，不少世界级的优秀选手，都表现出远远高于一般选手的速度优势（表4-2-4）。所以现代足球不是传统意义上的技能类项目，而是以强大的体能为基础的技、战类项目。球类项目运动员具备高速度能力具有下列意义：

（1）使运动员在专项活动中有速度优势，打出快速的攻防节奏，便于快速反击。

（2）利于在平时的训练中提高训练的强度。

（3）可以转化为良好的灵敏能力，利于迅速地摆脱和超越。

（4）使运动员在对抗中有一定的速度储备，减少能量的消耗。

表4-2-4 世界优秀足球运动员百米成绩

国籍	姓名	100米成绩（秒）	位置
法国	亨利	10.9	前锋
英国	欧文	10.8	前锋
威尔士	贝拉米	10.7	边锋
尼日利亚	马丁斯	10.4	前锋
葡萄牙	小小罗	10.5	前锋
巴西	卡洛斯	10.5	后卫/边锋
巴西	罗纳尔多	10.6	前锋
巴西	埃尔顿	10.18	前锋
阿根廷	卡尼吉亚	10.23	前锋

5. 注意克服速度障碍

速度障碍是运动员达到较高速度水平后，在一定阶段长时间停滞不前，甚至略有下降、不再提高的现象。在体育实践中，速度障碍在所有表现速度的动作中都有表现。

对于这种情况，教练员要及时调整训练思路，改变一贯的训练方法、负荷、要求；手段要多样化，尤其要注意使用阻力、助力的手段，如上、下坡跑，牵引跑等，进一步打好基本技术基础，突破障碍瓶颈。在此之前，应强化完成动作的肌群，提高力量和弹性，尤其注意弹性力量的提高。注意采用结构相同、相似的动作提高速度，因为在结构不同的动作中获得的速度是很难相互转移的。对待其他项目，如投掷项目的成绩障碍，道理同样如此。

（四）速度素质训练的负荷控制

1. 速度训练的强度

速度训练可以采用不同的强度。每个人的训练水平和身体状况不同，采用的训练强度安排也要区别对待。一般来说，在训练开始阶段，发展人体速度能力的训练负荷强度一般为最大强度的75%左右，在这个较高的强度及限定时间的训练中，运动员能够学会调节和保持技术动作的速度节奏，然后运动强度逐渐地提高到100%，更进一步的要求是需要运动员去尝试超越原有的速度限制。

2. 速度训练的负荷量

在负荷的量和强度之间存在相应的关系。如果运动员的负荷强度达到最大，那么负荷的量就达不到最大。另外，当运动员能够适应新的速度水平并稳定下来时，就必须在更高强度的负荷下进行技术练习。关于如何安排训练负荷量的具体要求如下：

（1）较少重复次数、较多组次和高强度

在技术动作重复性训练的负荷强度和量的安排中，必须确保在每个学习环节中都保持最高的动作完成速度，并且恢复的时间足够运动员去巩固和强化训练留在大脑中的神经肌肉刺激痕迹。因此，组内较少重复次数、较多组次、高强度的训练应该是最适宜的。

（2）采用运动员达到最大跑速的最短距离发展加速能力

在短跑训练中，通常采用运动员达到最大跑速的最短距离来发展运动员的加速能力。对于大多数运动员来说，这个距离在 30～40 米。然而，在其他的一些运动项目中，由于项目特点的限制，运动员必须学会在很短的加速距离（5～10 米）内达到最大速度，并且在这个爆发式的加速过程完成时，能够选择和完成高精度的技术动作。例如，足球、网球、篮球等运动项目。

（3）可以采用助力达到最大速度以减少疲劳的影响

在发展最大速度的训练中，影响训练效果的一个因素是运动员加速至最大速度过程中所产生的疲劳。

（4）及时了解运动员保持最大速度距离的最佳水平

通过对运动员进行测试，能够确定其保持最大速度距离的最佳水平。当然，首要的问题是运动员要达到个人最大速度。例如，世界优秀短跑选手约翰逊和刘易斯也只能保持他们的最大跑速距离为 20 米。人体各部分之间的协调配合和注意力的高度集中是延长这段距离的关键。一般情况下，如果没有高原场地和顺风帮助，这段距离不可能达到或超过 30 米，甚至超过 25～40 米这个距离范围。

（5）采用适宜的练习距离

在短跑运动中，大多数运动员需要 5～6 秒来达到个人最大速度。因此，为了发展运动员从初加速度开始达到个人最大速度的能力，建议训练时采用 50～60 米的练习距离。

3. 速度训练的练习密度

在以最大跑速进行的两个跑次之间的恢复时，必须足以使人体的工作能力完全恢复，但是这个时间又必须尽可能短，以便能够维持神经系统的兴奋性和最佳的体温。在比较温暖的气候中，以最大跑速进行的两个跑次之间的时间间隔一般为 4～6 分钟，而这个间隔时间对在冬季进行速度训练的运动员来说又是不适宜的。

4. 速度训练单元

尽管有个体差异存在，但是每个训练单元中的总跑量应该为 6～12 个跑次之间。每个周训练小周期中的训练单元数量在全年训练中是有所变化的。不考虑运动项目的差异，在全年训练周期的第一阶段中的每个训练小周期中至少应该有 1 个训练单元，在年度训练周期的第二阶段中的每个周训练小周期中应该有 2～3 个训练单元，在年度训练周期的第三阶段中的每个周训练小周期中应该有 2～4

个训练单元。对于耐力性运动项目来说，将以最大速度到比赛速度的强度来安排速度性训练，而且要根据距离比赛的时间、年度训练的阶段和运动员的个体特点来分配训练单元。

三、速度素质训练的方法与手段

速度训练的效果和采用的方法与手段有关。但是方法与手段众多，千变万化，最重要的是要根据运动员需要、专项需要和任务需要，选择练习内容。可以把训练方法与手段分为主要和辅助性两类，根据需要有序地穿插安排在一年的不同训练阶段中。下面根据速度的类型介绍训练方法：

（一）反应速度训练

1. 简单反应速度训练方法

（1）完整练习

对已经掌握的单一动作或成套动作反复强化练习，强调对突然出现的信号或突然改变的信号做出快速完整的应答反应。

（2）分解练习

把完整动作分成若干环节，就某一环节进行单独练习。如蹲踞式起跑时，对不同姿势进行反应训练，逐步过渡到正常姿势起跑练习；再如向前、后、左、右的转身跑，可以重点强化转身动作。

（3）变换练习

①改变信号刺激形式：使用视觉、听觉、触觉等。

②改变应答方式：反口令或专门的要求。

利用变换练习，既能有效提高人体各感觉器官的功能，缩短简单反应的时间，又能提高练习积极性和训练效果，增加技能储备。

（4）运动感觉练习

①跑的项目（动作）：按规定的时间要求跑完一定的距离，反复对照，运动员能较准确地判断运动时间的变化。

②投掷项目（动作）：让运动员投出规定的距离（不是最大用力），反复练习可以提高肌肉的用力感觉，提高神经对肌肉的精细控制能力。

2. 复杂反应速度训练方法

（1）移动目标练习

移动目标练习一般经历四个阶段：感知→判断→选择方案→完成动作。要注意移动目标在位置、方向、速度、轨迹等方面的变化，反复练习。同时有意识地增加外部变化因素，如增加移动目标的数量，增加人为干扰或加强对抗等。

（2）选择动作练习

专项比赛情况复杂，增加反应过程中的选择面和难度，才能促进中枢神经系统的分析辨别能力，缩短反应时间。同时在练习中引导运动员根据对手传达的信息，合理预判，提高反应、行动能力。

3. 具体训练手段

（1）起动跑

两手撑地，两腿交叉成弓步，听信号后快速起动跑出；或两腿做弓步交叉跳，听信号快速跑出。

（2）蹲距式起跑

按蹲距式起跑要求做好准备，听口令后迅速起动跑出。

（3）站立式起跑

按站立式起跑要求做好准备，听口令迅速起动跑出。

（4）变向起跑

背向蹲立，听信号后迅速转体起跑。

（5）仰卧起跑

仰卧于垫上，听信号后迅速翻转成俯撑后，做蹲距式起跑。

（6）前滚翻起跑

站立，听信号后做前滚翻，接蹲踞式起跑。

（7）起跑接后蹬跑

蹲踞式起跑后，接做后蹬跑。

（8）高抬腿接跑

原地高抬腿，听信号后迅速跑出。

（9）动作反应练习

练习前告诉运动员多种动作，如蹲下、起立、手触地、跳起等，然后任意喊，可以是一个也可以是一串。可以静止，也可以行进间练习。

（10）反口令练习

教练员喊蹲下或做下蹲动作时，运动员站立不动，以此类推。起立/蹲下，立正/稍息，向左转/向右转；或喊1、2、3、4当中的某个数字，运动员做出事先规定的相应动作。

（二）动作速度训练

1. 动作速度训练方法

完善技术练习：完整的技术由多个环节组成，在多个环节中总会有相对不足之处。根据各个专项的某些动作环节进行分解练习，主要是解决薄弱环节。如人体环节通常向前摆动快，但向后摆动慢，或者幅度不足等，可以设计专门的动作，突出薄弱环节的训练。

利用助力练习：通过减轻负荷，或者在人或自然条件的帮助下有意识地加快动作，如为提高双腿起跳速度，可以上跳时下拉横杆以减轻阻力；或者轻器械投掷，提高出手速度；在一些动作中通过教练用手给予助力，如体操中的摆动；利用合适的下坡进行跑速训练等。

利用后效作用练习：通过先负重较大阻力进行练习，激发、动员更多的运动单位参与工作，在神经肌肉系统留下痕迹效应，然后利用后效作用，进行正常负重或较轻负荷练习，如深蹲练习后紧接快速跳跃练习；或投重器械后投轻器械等。负重练习与动作练习之间的时间应尽可能缩短，以免后效作用下降。

加大难度练习：加大难度练习是指和助力练习相反，加大负荷和难度进行练习，如铅球滑步练习中，先站在适当高的木板上，跳下后紧接滑步；投、摆重的实心球，或挥摆时用弹力带给予阻力等。

2. 具体训练手段

听口令、击掌或节拍器摆臂：双脚前后开立，根据口令节奏，做快速前后摆臂练习20秒左右，节奏由慢至快，快慢结合，要求摆臂动作正确、有力。

悬垂高抬腿：两手握单杠成悬垂，两腿快速交替做屈膝高抬腿，速度越快越好。

变速高抬腿跑：行进间高抬腿跑中突然加速至最高速的高抬腿练习，动作要协调。

扶肋木后蹬跑：面向肋木站立，身体前倾，两臂伸直扶肋木，听信号后，做快速后蹬跑。要求后蹬跑技术正确。

纵跳转体：原地跳起转体360°，落地连续进行10~20次，强调转体速度要快，不要求跳得高。

起跳快速转体：三步助跑起跳，摆动腿屈膝上摆，空中转体180°~270°，跳起腿落地。转体速度越快越好，转体时躯干保持正直。

曲线带球：每人一球，在30米内插上10根旗杆，用脚内外侧快速带球，依次绕过旗杆返回起点。要求带球速度越快越好。

跑动冲刺练习：中速跑120米，每跑10米做一次终点冲刺动作。要求冲刺动作迅速果断，不停顿地连续进行下一点练习。

快速箭步交换跳：弓箭步站立，上体保持直立，原地向上跳起做弓箭步快速交换腿跳练习，要求连续跳时保持弓箭步姿势。

跑动跨跳：中速跑，每跑3步跨步跳1次，连续跨跳10次，要求摆动腿尽量向前摆出，速度始终如一。

小场地练习：球类练习中，利用小场地，缩小练习空间，加快动作速度和衔接。

协调绳练习：利用协调绳做各种快速的步法练习动作，可以有效地提高动作速度和动作频率，也是训练灵敏、协调素质的常用方法，关键在于变化。

变化重量的小实心球的挥摆练习：挥摆小网球到能量球，重量不等，可用双手进行。强调爆发式用力，姿势可以变化，如跪姿、坐姿等。

夹球跳传：用脚夹住球或沙袋，双脚跳起，传给对方或规定距离、位置，既可以提高前摆速度，也可以提高神经控制能力（准确性）。

（三）移动速度训练

项目间的差异决定了移动速度训练的差异性。跑、游泳、自行车、划船、滑雪等周期性项目的移动速度训练，以各种周期性动作方式为主，结合少量的变向、变速练习。球类等项目二者要兼顾，要安排大量的变速、变向练习，同时，结合专项（球）进行各种移动练习，更有助于专项体能的提高。

1. 变速变向练习

三角移动：地上摆三个相距5~10米的标志物，成三角形，以各种步法在三角线上进行变速、变向的移动，可以起到提高速度和灵敏性的双重效果。

长短往返跑：摆4个标志物成一直线，相距3～5米，从第一个标志物起跑，依次触碰第二、第三、第四个标志物，并回到起点，往返练习。

摸球台移动：乒乓球运动员常用。可以利用一张球台的两个台角进行，也可以在两张球间进行。听信号后，用各种步法移动往返触碰球台角。

后退跑+转身冲跑：背对前进方向，听信号后退约20米，见到标志物转身冲跑20～30米。其他步法类似。

变向起跑：背向站立或背向蹲立，听信号后迅速转体180°呈半蹲式起跑，加速跑20～30米。

蛇形跑：以20m半径画3个相交的半圆弧线，正确运用弯道跑技术由起点沿弧线跑至终点。

穿插跑：练习者成一路纵队行进间慢跑，间隔2米，听信号后排尾穿插快速跑曲线至排头，后面依次进行。快速跑中不要触碰别人。

2. 重复跑和间歇跑

（1）速度性练习

以85%～100%的强度，进行20～150米的反复跑，间歇时间充分，以速度没有明显下降为宜，主要用于发展绝对速度。采用间歇跑的方式（间歇不充分），可以发展高强度速度耐力。具体训练手段为：

高抬腿跑转加速跑：行进间快频率高抬腿跑，听信号后转加速跑，高抬腿的动作要规范，频率逐渐加快，加速跑时频率不变。

后蹬跑变加速跑：行进间后蹬跑20米，听信号后变加速跑全力冲刺20～30米。

单足跳变加速跑：开始做10～15米左右交换的单足跳，听信号后变加速跑全力冲刺20～30米。

交叉步接加速跑：先做5米交叉步跑，然后做加速跑20米。

加速跑：逐渐加速至最高速度后保持一定距离，然后放松跑。加速跑50米、80米或100米。

连续加速跑：逐渐加速跑至最高速度，然后随惯性高速跑3～4步后，随惯性放松至慢跑后再加速跑，连续练习（一般为30米加速跑，保持高速跑5～8米，放松跑 10～20 米，然后第 2 次加速跑）。

加大难度跑：在跑之前先负一定重量进行跳跃练习，然后卸掉重量快跑 30～60 米距离。注意负重要适当，重点是提高步频和加大步长。

站立式、半蹲式或蹲距式起跑：起跑后全力跑 20～60 米。

行进间跑：加速跑 20～30 米，在到达规定行进间的距离前达最高速度，在规定距离内保持最高速度跑。行进间距离为 20 米、30 米、50 米、60 米、80 米、100 米等。

重复跑：以 95% 或以上速度，重复多次跑，短于专项距离，也可以重复跑一组不同的距离。

上坡跑：站立式起跑后上坡加速跑（在坡度为 7°～10° 的斜坡跑道上进行），注意大腿高抬，加强后发力量。

上下坡跑：听信号起跑后沿 7°～10° 斜坡跑道全速上坡跑 30 米，接着转身下坡跑 30 米返回为一组。

按标记快速助跑：在助跑路线上放置全程标记或最后几步标记，踏标记快速助跑起跳，要求步点准确，发挥出最大速度。

（2）速度耐力性练习

距离主要以 200～600 米段落为主，强度通常在 75%～90% 之间，通常采用间歇跑的方式，发展混合供能能力、糖酵解能力为主。间歇时脉搏下降到 120 次/分钟以下（20 次/10 秒），就可以开始下一次练习。

（3）接力练习

利用上述段落进行接力比赛，可以提高对抗性和训练效果，同时，也使练习的趣味性得以增强。具体训练手段为：

接力跑：8×50 米接力跑，4×100 米接力跑，或绕田径场连续循环接力跑，也可画 20 米半径小圆进行圆圈接力跑。

让距接力跑：方法同"接力跑"，一队在里道，一队在外道，绕田径场进行接力跑比赛。

迎面接力跑：两组练习者相距 30 米或 60 米，做往返迎面接力跑。

（4）组合跑练习

组合练习的方式很多，应根据需要灵活安排。例如，（100 米 +200 米 +300 米）×

2~3组，或者（150米+300米+600米+400米+200米）×2~3组。这类练习的距离、次数、组数要根据实际情况和训练任务确定。

3. 结合专项进行练习

（1）篮球

后退跑传球：两人传球，面对面站立，相距10米。一人快速后退跑，另一人向前跑，两人跑动中相互传球，连续做60米。注意始终保持距离，后退跑速度越快越好。

变向带球跑：6名队员站成一排，间隔5米，每人一球，根据教练的手势作前后、左右变换方向带球，最后急停，转身带球跑20米。

滚球接力：篮球场端线站立，球放在地上，信号开始后用手滚动球到另一端后返回，手递手将球传给第2人，依次进行。要求球不能离开地面。

起跳冲跑：篮下站立，听信号后连续起跳，手摸篮板5次后，接冲刺跑到中线折回。要求起跳动作不得有停顿，一气呵成。

（2）足球

停球接运球：手持足球向前抛出，立即向前跑，用脚内（外）侧停反弹球，接做快速带球跑30米。

跑动推进传球：两人相距10米，平行站立，用一个足球，按规定的脚法踢球，快速跑动推进传球60米。

双人多角传球：两人对立3~5米，来回直线跑动传球。

蛇形跑+冲刺跑射门等：按照标志盘进行蛇形跑动后，接加速跑至门前射门。

第三节　耐力素质训练

一、耐力训练概述

（一）耐力训练的意义

耐力训练具有多重意义，在体能训练领域一直是核心问题。首先，耐力素质是所有中长距离项目（田径、游泳、划船、滑雪、自行车）的专项能力，练耐力在很大程度上就是练专项。其次，耐力训练是提高人体能量代谢与储备能力的重要手段，能量的代谢（分解、氧化、合成）、运转效率是影响运动员持续运动能力的关键因素。长期的耐力训练对奠定扎实的能量系统基础，构建良好的能量链（磷酸原—糖解—有氧）具有直接作用。再次，有氧耐力练习是放松、恢复、组织再生的重要手段，在大强度的训练之后，进行适宜强度的慢跑，促进血液回流和代谢废物排除，有利于激烈运动中造成的肌肉损伤修复和软组织再生，尽快消除疲劳。同时，在健身、健康领域耐力训练也是流行项目。医学权威认为，慢跑是锻炼心脏和全身的好方法，跑步可以预防肥胖、高血压、糖尿病、血脂异常、癌症等等。即使是相对低的跑量，也可以显著降低心血管疾病发生率和死亡率；跑量相对越多，健康收益也就越大，运动与健康之间存在着显著的剂量—效益关系。慢跑对于保持中老年人良好的心脏功能，防止肺组织弹性衰退，预防肌肉萎缩，防治冠心病、高血压、动脉硬化等具有积极作用。最新的研究表明，运动是最佳的健脑丸，运动刺激为大脑创建理想的环境，从而提高记忆、学习能力。运动可以平衡大脑，使大脑生长，同时降低甚至治愈焦虑、抑郁、成瘾等心理类疾病，长期坚持运动可以预防大脑退化，延缓衰老。近几年马拉松运动在世界各地蓬勃发展，2019年我国马拉松及相关赛事达1828场近712万人参赛，影响力逐年提升，这也在一定程度上促进了人们对耐力训练的进一步关注。

（二）耐力训练方法的演变

早期耐力训练的变化主要体现在训练方法上。持续跑是中长跑最原始的训练方法，1910—1936年出现了自然跑训练法，主要有匀速跑、节奏跑和越野跑。1936—1948年法特莱克跑训练法和间歇训练法逐渐形成。瑞典的考斯达·何尔穆教练在研究芬兰等国家训练方法的基础上，找到了一种既能提高速度又能发展耐力的训练方法，发展了自然跑训练法，创造出法特莱克跑，并训练出了一批世界级优秀中长跑选手，如贡·黑格、阿·安德松等，其中贡·黑格8次改写了4项世界纪录。

间歇跑训练法具有里程碑的意义，意味着中长跑运动进入"速度时代"。后期反复跑、高原训练相继出现，发展成今天的综合训练法。但是，各种训练方法各有优势和不足，运动员取得成就的基础是优秀的运动天赋与适合于他们的训练方法的结合。

（三）耐力训练模式

各系统能量供应的特点是耐力训练的主要理论依据：现有多数理论对以大强度、极限强度运动时，各系统可以持续供能的时间认识基本一致。人体各供能系统以最大输出功率供能对于维持运动的强度和时间，磷酸原系统最短，可供极限强度运动6～8秒，不超过10秒；糖酵解系统可供极限强度运动30～90秒；糖有氧氧化系统供亚极限强度运动约90分钟，是中长跑运动的主要能量供应系统；脂肪酸氧化供能时间不受限制，适宜中低强度运动，通常认为超30分钟以上较大强度的持续跑，才会动员脂肪物质参与代谢；蛋白质和氨基酸供能时间可从运动开始后30～60分钟起持续到比赛结束。以福克斯（FOX）为代表的美国学者提出了能量连续统一体的概念，根据时间划分为4个不同的区域（表4-3-1），界定了不同能量供应系统在不同运动中的参与情况。至此，基于运动持续时间不同的运动项目，其有氧和无氧能量供应比例逐渐得到人们的重视和接受，成为判断运动项目能量代谢特征的主要依据。

表 4-3-1　能量连续统一体的 4 个区域

区域	运动时间	主要能量系统
一区	短于 30 秒	ATP—CP
二区	0.5～1.5 分钟	ATP—CP 和糖酵解
三区	1～3 分钟	糖酵解和有氧氧化
四区	长于 30 分钟	有氧氧化

各能量代谢系统在各类运动项目中参与能量供应的程度，特别是有氧、无氧所占的比例是人们所关注的问题，同时，也存在较大争议。1988年，尼曼在总结了大量研究资料的基础上，对以全力运动、持续不同时间的有氧与无氧能量供应所占的比例提出了自己的观点。他提供的资料表明，有氧、无氧供能各占50%的时间，通常在高强度全力运动的2～10分钟期间，但是这种观点的范围太大，给实际训练带来了不少困惑。2001年，有人在归纳其他人最新研究成果的基础上提出了新的看法，他认为有氧、无氧各占一半的时间，平均出现在全力运动的75s左右，一般出现在12分钟之间。范围的缩小对训练实践的影响是巨大的，但是这种认识并不统一。目前，有氧与无氧供能比例 1 : 1 的临界点时间越来越短，在田径项目中，1500米曾被认为是有氧与无氧供能各占50%，之后是800米，目前的最

新研究表明 400 米是有氧和无氧 1：1 供能的分水岭。时间提前对 1～2 分钟全力运动项目的训练指导和监控意义非常重大。但是，在不同的项目中，如游泳、划船、自行车等又表现出较大的差异，说明专项的差异性及专项化训练的必要性。

乳酸阈、个体乳酸阈是耐力训练中一个重要的理论。用"乳酸阈模式"（乳酸阈附近的强度）进行耐力训练，可以有效提高运动员的有氧耐力水平。但是，近年来研究认为，优秀长跑运动员在大量使用"两极化模式"进行训练（图 4-3-1）。有人认为，近几年赛事大幅度增加，运动员在短暂的比赛间歇只能通过低、中强度的有氧训练保持体能，积极恢复和调节体力，以应对频繁的赛事。因此，世界优秀耐力选手加强了对"代偿恢复性耐力"和"基础耐力"训练的重视。人们认识到，运动时磷酸原系统、糖酵解系统和有氧氧化系统三个供能途径是一个统一的整体，并不是分别起作用的。耐力项目选手将有氧能力作为训练重点，但其效果却具有综合性，不仅能提高机体的有氧能力同时对无氧代谢能力也起到积极的作用。运动训练过程中有氧能力的改善，不仅提高了机体的耐酸能力，也能推迟乳酸峰值出现的时间并降低乳酸峰值。这对无氧代谢能力的提高起到促进作用。

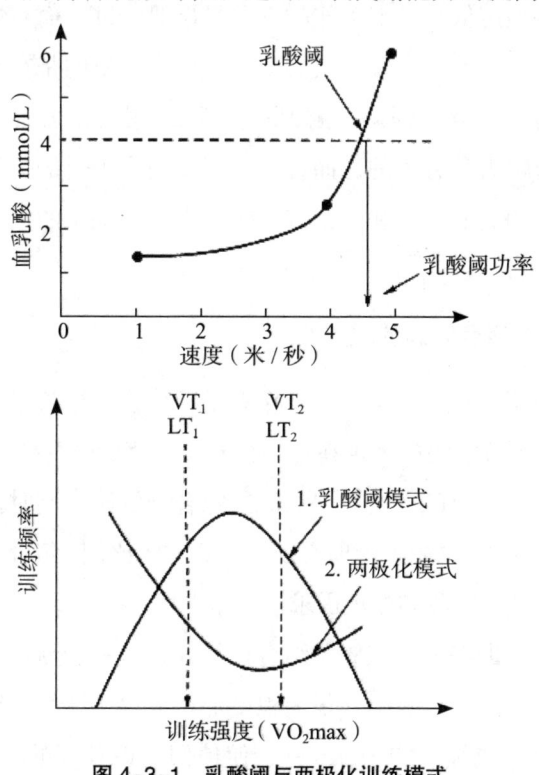

图 4-3-1 乳酸阈与两极化训练模式

训练中，有氧训练比例的增加，一方面降低了年训练负荷的平均强度，另一方面也促进了无氧训练强度的进一步提高。由于这种训练安排有利于机体的恢复，不易造成疲劳的积累和伤病，因此，运动员能够以更高质量、更大强度完成无氧区域的训练内容，大大提高了训练的综合效益。

（四）耐力素质与力量的关系

原来中长跑不太重视力量（包括力量耐力）的训练，主要以长时间的持续跑和高强度的重复跑、间歇跑为主。但是研究表明，在近代马拉松运动员中，优秀运动员与一般运动员的最大吸氧量无显著性差异，但腿部力量相差明显。优秀运动员腿部力量达到 5 千克／厘米，一般运动员为 2.5 千克／厘米，说明成绩的提高不是主要依靠心血管系统机能的改善，而与肌肉力量耐力、速度耐力的改善有关，是随着对项目属性认识的深化，训练负荷结构变化，使机体产生适应，提高了肌肉的性能，对能源物质使用、代谢、快速清除乳酸等有毒物质，能够更有效发挥作用的结果。

由于有氧训练强度低，参加工作的主要是慢肌纤维，而对快肌纤维的刺激减少。所以，近年来有氧训练出现了较大变化。最为突出的是在有氧训练中融合了技术和力量的内容和要求，强调"耐力—技术""耐力—力量"的结合。有研究认为，最大力量与耐力是有关的，而且与高强度耐力项目的关系更大。力量训练对高、低强度耐力相关的素质和因素有影响，力量训练量的大小对其耐力素质水平的高低变化有影响。

（五）我国耐力项目的训练观点

通过长期的训练实践，我国体育工作者重新认识了中长跑、马拉松是高速度的耐力性项目。在训练上集中体现在三个突破：训练量的突破、训练强度的突破、训练后身体恢复过程的突破。运用"二氧"综合训练法，同时抓有氧、有氧—无氧、无氧三种供能能力，并注意合理安排"三氧"的比例、组合、方式、课间间歇、负荷量负荷强度、训练阶段和专项需求。

其实，重视速度训练和"三氧"结合训练并不是一个新观点。苏联早期的理论就认为，取得长跑的优异成绩在很大程度上还取决于速度训练水平，世界优秀长跑运动员 100 米的成绩 10.8～11.0 秒，使他们能以较高的平均速度跑完全程。

长跑运动员的另一个特点是根据个人机体的生理、生化特点能在比较短的距离（1500米）或是比较长的距离（20千米、30千米）中跑出很好的成绩。我国训练理论认为，随着成绩的提高，中长跑运动员速度水平越来越重要，无氧训练和速度训练越来越重要，对中长跑运动员速度耐力、专项耐力的要求越来越高。因此，必须走"多项化"道路，全面发展项群素质，提高短翼项目和长翼项目的运动能力，以短促长，以长补短，细化培养专项能力，才能不断促进主项成绩的提高。

二、耐力素质训练的基本理论

大量的运动实践和科学研究证实，人体运动时并不存在单独发挥作用的能量供应系统，3个能量代谢系统几乎同时工作（表4-3-2）。但是，由于运动时间和强度的差异，3个能量供应系统参与程度和比例不同。从生理学的角度看，有氧氧化供能能力、糖酵解供能能力、磷酸原供能能力相互影响，形成一个有机联系的能量供应体系。因此，耐力训练要树立系统观，对心肺功能、能量供立、神经肌肉、专项特点都要充分考虑，实施系统的综合性训练，才能有效提高耐力素质水平。

表 4-3-2　不同项目供能系统参与的比例（%）

项目	时间	ATP—CP 系统	乳酸能系统	有氧氧化系统
100 米	10～15 秒	95	2	3
200 米	20～35 秒	95	3	2
400 米	45 秒～1 分 35 秒	80	5	15
800 米	1 分 50 秒～3 分	30	5	65
1500 米	3 分 45 秒～6 分	25	25	50
3000 米	8～16 分	20	40	40
5000 米	14～25 分	10	20	70
10 000 米	28～50 分	5	15	80
马拉松跑	130～180 分	/	5	95
田赛项目	5 秒以下	98	2	/

(一)耐力素质的概念及分类

1. 耐力素质的概念

耐力素质是指有机体长时间工作,克服工作过程中产生的疲劳的能力。理论上认为,耐力与力量结合表现为力量耐力,与速度结合表现为速度耐力。但是,这种结合并不是简单的结合,而是在神经肌肉、能量系统、运动技能等方面的有机融合。影响耐力素质的因素主要有:运动器官、系统长时间持续工作能力;能源物质的储备及利用能力;运动员的心理耐受能力;运动技能的熟练程度等。耐力素质是各项运动成绩的基础,对于以有氧代谢为主要供能来源的项目来说尤其重要。

2. 耐力素质的分类

根据耐力特点、属性及作用的不同,可以把耐力分成不同的类型(图 4-3-2),这里对常用的几个耐力素质进行界定。

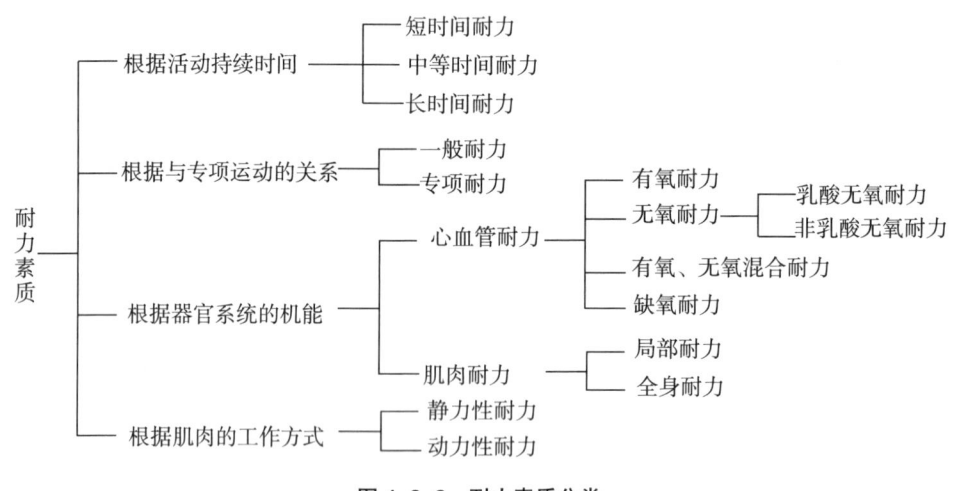

```
                       ┌─ 短时间耐力
        ┌─ 根据活动持续时间 ─┼─ 中等时间耐力
        │                   └─ 长时间耐力
        │
        │                   ┌─ 一般耐力
        ├─ 根据与专项运动的关系 ┤
        │                   └─ 专项耐力
耐力素质 ┤                                   ┌─ 有氧耐力       ┌─ 乳酸无氧耐力
        │                   ┌─ 心血管耐力 ─┼─ 无氧耐力 ─────┤
        ├─ 根据器官系统的机能 ┤             │                └─ 非乳酸无氧耐力
        │                   │             ├─ 有氧、无氧混合耐力
        │                   │             └─ 缺氧耐力
        │                   │             ┌─ 局部耐力
        │                   └─ 肌肉耐力 ──┤
        │                                 └─ 全身耐力
        │                   ┌─ 静力性耐力
        └─ 根据肌肉的工作方式 ┤
                            └─ 动力性耐力
```

图 4-3-2 耐力素质分类

(1)一般耐力

一般耐力是一种多肌群、多系统长时间工作的能力,是各运动项目的基础能力。进行一般耐力训练时,应充分考虑一般耐力与专项耐力之间的关系。

(2)专项耐力

专项耐力是指运动员为取得专项成绩而最大限度地动员机体潜能,克服因专门负荷所产生的疲劳的能力。不同项目的专项耐力存在很大的差异,主要是由于环境、阻力、比赛过程等方面有各自的特点。

（3）有氧耐力

有氧耐力是指有机体在氧气供应比较充分的情况下，坚持长时间工作的能力，如马拉松、越野跑、长跑、长距离竞走项目所需要的耐力。有氧耐力对众多项目有基础性作用。

（4）无氧耐力

无氧耐力是指有机体在氧气供应不足的情况下，能坚持在较长时间内工作的能力，如体操、短距离游泳、短跑、投掷和跳跃项目在比赛中所需要的耐力。无氧耐力对动作稳定性、维持高强度的对抗能力具有积极意义。

（5）混合耐力

混合耐力是个于无氧供能和有氧供能之间的一种耐力。它的特点是持续时间长于无氧耐力而短于有氧耐力，如拳击、摔跤、柔道、跆拳道以及田径运动中的400米栏和800米项目所需要的耐力。

其他还可以分为心血管耐力和肌肉耐力、全身耐力和局部耐力、动力性耐力和静力性耐力等。

（二）影响耐力素质水平的主要因素

不同性质和类型耐力的影响因素不同，如有氧耐力主要与糖有氧氧化供能、最大吸氧量、线粒体、力量耐力有关，而无耐力主要与糖酵解供能、快速力量有关。综合起来主要有下列几个方面：

1. 有氧系统机能能力

（1）最大吸氧量

最大吸氧量是指在运动过程中，人体的呼吸和循环系统发挥出最大机能水平时，每分钟所能吸取的最大氧气量。

（2）机体的能量储备与供能能力

机体活动时的能量供应和能量交换的程度，在某种意义上取决于各种能量储备的多少和能量交换过程的动员水平。能量储备越多，耐力发展的潜力也就越大。

（3）红肌纤维数量与比例

白肌纤维与红肌纤维比例影响耐力水平。耐力性项目中红肌纤维所占的比重极大，高水平运动员通过系统的训练可以达到80%，给发展耐力素质提供了物质条件。

（4）机能稳定性

机体机能的稳定性是指机体的各个系统在疲劳逐步发展、环境产生变化时，仍然能够保持在一个必要的水平上。一般来说，机能的稳定性取决于机体的抗酸能力，主要和血液中的碱储备有关。

2. 中枢神经系统的功能

运动造成的疲劳，既可能发生在外周系统，也可能发生在中枢神经系统。中枢神经系统的功能对耐力素质有很大的影响。中枢神经系统通过交感神经对肌肉、内部器官和各神经中枢起到适应和协调作用，另外，还可通过神经体液调节来提高人体的耐力素质水平。耐力训练的结果又反过来促进中枢神经系统工作能力的增加。

3. 技术因素

耐力素质的水平还取决于机体的机能节省化程度。合理的、高度机能节省化的运动技术，可使人体运动时的能量消耗减小到最低程度，从而保证人体更长时间的运动。在中长跑等长距离项目的训练中，往往会忽视技术训练，多次重复不合理的动作，造成能量物质的浪费。

4. 速度储备

即以较少的能量消耗保持一定速度的能力。速度储备也是影响耐力，特别是专项耐力的因素之一。速度储备较高的运动员能以较少的能量消耗保持一定的速度，达到轻松持久的效果，合理的速度、速度耐力储备是耐久跑成绩的重要保障。

5. 个性心理特征

耐力训练是艰苦的活动，运动员的运动动机和兴趣，以及面临运动训练的心理稳定性、主观努力程度、自持力、忍耐力和意志品质都直接影响到耐力水平的发展，特别是忍耐力在耐力训练中起着非常重要的作用。在以强度为主的长时间训练中，机体发生缺氧以及酸性物质的堆积，运动员的机体处于十分难受的状态，这时运动员的忍耐力决定运动员能否坚持下去。

（三）耐力素质训练要点

1. 打通能量链与能量桥

根据运动链理论，能量链由 ATP—CP 系统，糖解系统和有氧氧化系统构成，并构成整体。三个能量系统是相通的，同时开始工作，在神经系统的支配下，根据运动需要决定哪个系统起主要作用。其中，糖酵解系统起到连接性的"能量桥"作用，在快速供能和持续供能之间架起桥梁，在运动中起到非常关键的作用。不管什么项目，大多数优秀运动员其糖酵解供能能力都处于较高的水平，也证明了糖酵解连接性供能的重要性。

由于在运动训练中，身体各器官、组织、系统有定向适应的特点，而各种负荷对机体所起的刺激作用不同，这就要求要合理规划负荷的结构层次，长期、系统训练，打通三个供能系统之间的联系，奠定良好的能量通道基础。

2. 处理好有氧训练与专项耐力训练的关系

有氧训练和专项耐力训练并不完全相同。有氧训练主要为能量储备能力的提高，打好有氧供能所需的各种生理机能基础，通常采用较低强度的持续训练和有一定强度的间歇训练，使心率维持在一定靶心率的范畴（表4-3-3）。有氧训练形式多样，可以是慢跑、游泳、骑自行车、爬山，也可以在健身房跑步机上定时、定量进行。但是，有氧能力与专项所需的耐力还有相当大的距离，运动专项不同，耐力的含义存在较大差异，有学者把耐力定义为运动员以一定力量或功率重复某一运动的能力。因此，项目耐力训练除了心肺机能训练外，要有明显的专项特征，需要使用与专项接近的动作模式。因为专项的运动环境不同，中长跑要在场地，甚至野外进行长时间的奔跑，对下肢支撑能力有极高的要求；划船对全身力量耐力的要求远远高于一般的周期性耐力项目，且需要全身协同用力；游泳在水中要克服远远大于空气中的阻力；球类要反复做各种复杂的技术动作等，都决定了有氧训练与耐力训练的不同。实践中要区别对待，有序安排，把低、中、高不同强度的有氧训练与专项训练有机结合。

表 4-3-3 有氧训练的靶心率

年龄（岁）	最大心率	最大心率（%）		Karvonen 公式计算法	
		70%	85%	50%	85%
20	200	140	170	135	181
25	195	137	166	133	176
30	190	133	162	130	172
35	185	130	157	128	168
40	180	126	153	125	164

续表

年龄（岁）	最大心率	最大心率（%）		Karvonen 公式计算法	
		70%	85%	50%	85%
45	175	123	149	123	160
50	170	119	145	120	155
55	165	116	140	118	151
60	160	112	136	115	147
65	155	109	132	113	142

3. 重视抗阻力量训练

耐力训练与力量训练长期以来被认为是一对无法克服的矛盾，主要是认为力量训练是对白肌纤维起作用，能提高无氧代谢能力，与有氧能力起相反的作用。但是近期研究显示，进行合理的力量练习（包括最大力量），可以有效预防伤病，提高运动员的爆发力和耐力水平，改善比赛最后阶段的冲刺能力，对耐力项目有利。有专家认为，力量耐力是力量素质中较为复杂的能力，不仅涉及神经—肌肉的工作，还涉及能量的代谢过程。一般练习强度通常低于70%，次数多于12次，以2~3组为准。建议对力量耐力的训练，要根据项目需要，按负荷层次进行。专家将力量耐力分为3个级别，具体如下：

（1）最大力量耐力（>75%）。

（2）次最大力量耐力（50%~75%）。

（3）有氧力量耐力（30%~50%）。

实践中，除要考虑负荷的层次外，还要对时间因素、练习顺序进行设计，使偏重于较大力量的训练单元与大强度的耐力训练适当间隔，以免相互干扰，影响综合训练效果。

4. 重视多样化功能性动作训练

近几年，通过核心力量训练、功能性训练提高耐力项目成绩的研究多有出现。由于传统的重力训练通常以周期性、长时间重复的方式进行，刺激相对单调，对单个动作的效率要求不高，而且容易造成局部负担过重，如下肢、膝踝关节。有计划地安排功能性动作训练，丰富了对身体刺激的方式；良好的姿态有利于保持正确的周期性动作，提高动作效率。同时，多样化的动作训练与技能储备，也完善了人体的整体综合能力。功能性训练不能直接提高耐力项目成绩，却可以起到很好的间接帮助作用。在实际操作过程中，要注意使用复合性的动作练习，可以对全身肌肉耐力进行有效的锻炼如中等强度、时间较长的立卧撑，4~5个动作的组合连续练习等。

5.合理安排交叉训练

交叉训练通常是指运动员在出现伤病或一个比赛期后的恢复阶段，采用其他项目训练，以平衡基本体能水平，如中长跑、自行车、游泳、划船、滑雪等运动员相互交换项目的训练。现在交叉训练已经成为耐力项目运动员训练计划的组成部分，在训练过程中有意安排交叉任务，有利于分散过多的专项训练对局部肌群、关节的过度压力。交叉训练时注意刺激的强度、时间要基本达到专项所需的要求，使呼吸、心血管、肌肉骨骼系统产生良好的适应。

三、耐力素质训练的方法与手段

提高运动员的摄氧、输氧及用氧能力，保持体内适宜的糖原和脂肪的储藏量，提高肌肉、关韧带等支撑运动器官对长时间负荷的承受能力，是发展耐力素质的基本途径。大多数运动项目和训练手段中有氧、无氧都有着特定的比例，根据运动项目对有氧、无氧比例要求的特点，选择同样比例的训练手段，往往可以达到比较好的训练效果。

（一）耐力素质训练的要素

耐力素质训练的效果取决于运动形式、训练强度、持续时间、训练频率4个方面。在训练实践中，选择训练方法的时候，要充分考虑专项特点、训练阶段和任务、有序组合4个方面的内容。

1.运动形式

运动项目众多，在竞技比赛中对耐力素质都有要求，但是所需要的耐力性质不同。运动项目的表现形式和运动环境有很大差异，造成了运动过程中能量消耗与代谢方式的不同。例如，同样是体能类项目，长跑对有氧耐力有更多的依赖，游泳对持续的糖酵解（乳酸）供能能力要求更高，而划船要求全身有良好的肌肉耐力水平。球类项目也同样如此。因此，耐力训练要充分考虑专项运动需要，有计划地选择耐力训练方式。那种以跑为主、千篇一律的耐力训练方式是不可取的。

2. 训练强度

强度是耐力训练的核心，对强度的把握很大程度上决定了耐力训练的效果。无氧耐力、有氧耐力、专项耐力在训练强度的要求上有较大的差异。例如，有氧耐力训练通常采用 70% 以下的强度，心率低于 160 次 / 分钟。无氧乳酸耐力训练采用高于 80% 强度的练习，心率在 170~180 次 / 分钟之间。研究显示，不同耐力训练强度对机体的影响和作用功能是有层次性差异的，对快肌、慢肌的作用也不同。因此，针对专项和训练需要，选择适应的负荷强度十分重要。实践中，要注意防止用偏大的强度进行一般耐力、有氧耐力的训练。

3. 持续时间

持续时间与训练强度有对应关系，强度大则运动时间短，反之则反。因此，耐力训练持续的时间要根据强度确定，以维持足够的运动时间。通常中等强度运动保持 30 分钟以上，大度运动保持 20 分钟以上，对耐力素质的提高较为理想。在耐力训练实践中，要避免强度过度的做法。因为强度与时间成反比，运动时间太短不会对心肺功能有理想的效果。

4. 训练频率

提高耐力不是短期内能解决的问题，要常年坚持，在一周中也要间隔性地安排。通常在正式训练中，一般中等强度训练可以每周 5 次，或者大强度训练每周 3 次（隔天练），可以两天安排一次。同时，要注意专项特点，与专项耐力训练有机结合并考虑所处训练时期。例如，准备期一般耐力训练安排的次数多一些、时间长一些，专项耐力训练相对较少；比赛期一般耐力训练安排得少一些、时间短一些，专项耐力训练安排相对增加。

（二）不同耐力素质的训练方法与手段

1. 一般耐力训练

（1）一般耐力训练的形式

①各种形式的长时间跑。

②长时间进行的其他周期性运动，如速度滑冰、划船、自行车等。

③长时间重复做某一非周期性运动，如排球、篮球、足球等。

④反复做克服自身体重或坚持较长时间的抗小阻力（重量）的练习，如较慢

速度的连续蹲起、小重量的杠铃上推练习等。

（2）一般耐力训练的具体操作方法

①持续练习法：是指在相对较长的时间里，（不少于 30 分钟）以较为恒定的强度持续地进行练习的方法。持续练习法具有持续刺激机体的作用，利于改善大脑皮层神经过程的均衡性，提高心血管系统和呼吸系统的功能，能经济地利用体内储备的能量，有利于发展有氧耐力和一般耐力。

②重复练习法：是指不改变动作结构和外部负荷表面数据，在相对固定的条件下，按照既定间隔要求，在机体基本完全恢复的情况下，反复进行练习的方法。

③"法特莱克跑"：是变换练习法的一种特殊形式，也可以将它理解为是一种由持续练习法和变换练习法综合而成的组合练习法。具体方法是：在各种变换的外界自然环境条件下进行持续、变速跑的练习，时间长达 1～2 小时，强度自我调节，有节奏地变化。

④游戏练习法与比赛练习法：是指运用游戏或比赛的方式进行练习的方法。这种方法能较快地提高运动员练习的兴趣和积极性，并在练习中充分发挥主动精神，使机体能够承受较大强度的负荷，有利于提高有氧耐力和无氧耐力。

⑤循环练习法：把训练内容设置成若个练习站点，按规定顺序进行练习，练习时的各站点内容及编排，必须符合训练课的目的，满足专项或训练任务的需要。组织形式有流水式、分配式、轮换式等。在设计上要注意"渐进负荷"或"递增负荷"的原则。

⑥高原训练法：主要利用高原空气稀薄，在缺氧情况下进行训练。这有利于刺激机体，改善呼吸及循环系统的机能，增加循环血中红细胞和血红蛋白的数量，提高输氧能力。

以上所介绍的耐力练习方法基本上是单一类型。在实际发展耐力素质的练习过程中，往往还要通过各种方法的综合运用，使得练习过程变化更大，更具选择性，从而有效提高耐力素质。

2. 有氧耐力训练

（1）负荷强度

通常负荷强度低于最大强度的 70%，一般运动员的心率可控制在 140～160 次/分钟，高水平的运动员则可相对提高。

(2) 无氧阈

无氧是指人体在逐渐增加工作强度时，由有氧代谢供能开始大量动用无氧代谢供能的临界点，常以血乳酸含量达到 4 毫摩尔时，所对应的强度来表示。超过这个强度时，血乳酸将急剧增加。

(3) 持续时间

练习持续时间应根据专项特点、运动员自身的情况和训练的不同阶段来确定，如为了提高高强度的速度耐力，可持续 60～90 秒；为提高有氧耐力，可多次重复 3～10 分钟或持续 20～120 分钟。有氧练习通常以高于 30 分钟为佳。

(4) 重复次数

使用重复训练法时，重复次数应根据维持高水平氧消耗的生理能力来确定，不能一概而论。通常 3～5 次／2～3 组。

(5) 间歇时间

应在运动员机体处于尚未完全恢复时，再进行下一次的练习。一般不超过 4 分钟，当心率恢复到 120～130 次／分钟时，开始进行下一次练习。低水平或少年儿童可以适当低于这个标准。如果采用重复法进行专项耐力强度训练，间歇要相对充分。

3. 无氧耐力训练

(1) 乳酸供能无氧耐力的训练

①主要采用间歇训练法和重复训练法。强度：最大强度的 80%～90%，心率可达 180～190 次／分钟。负荷持续时间：长于 35 秒，一般在 1～2 分钟之间。距离：300～600 米跑，或 50～200 米游泳。

②练习次数、组数和间隔时间：根据训练水平、跑速、段落长度和组间间歇时间而定。段落短，则间歇时间也短，如：200～400 米段落跑，共练习 3～4 组，每组重复跑 3～4 次。

③练习顺序为了提高有机体迅速动员无糖解的能力，则从长段落开始到短段落，如 400 米 ×2+300 米 ×2+150 米 ×2 等。若为了提高有机体长时间维持糖酵解的能力，加强训练效应积累，则从短段落到长段落，或者交替安排。

(2) 非乳酸供能无氧耐力的训练

①强度：90%～95%，练习持续时间：5～30 秒之间。

②重复次数与组数：以不降低训练强度为原则，重复次数不宜多。次数、组数根据运动员水平与具体情况而定，水平高，则组多些。如练习4～5次/5～6组。

③间歇时间：短距离，如30～70米跑间歇，时间为50～60秒；较长距离，如100～150米跑，间歇时间为2～3分钟。间歇时间要确保CP能量物质的恢复。要适当控制总量在700～1000米范围，过多速度会明显下降，达不到训练非乳酸供能的效果。

第四节　柔韧素质训练

一、柔韧素质概述

人体的柔韧素质不仅是一种健康要素，也是重要的运动素质，在体育项目中具有重要作用。实践中，人们对于柔韧素质的认识远远不够，研究显示，柔韧素质不仅影响关节稳定性和活动范围，同时，对人体的发力（肌肉力量）产生较大影响，从而有效促进运动员的整体竞技能力发展。柔韧素质不仅可以加大动作幅度，使动作更加优美、协调，增加技术动作表现力，而且通过柔韧素质训练能够增加肌肉和关节的力量，减少受伤的可能性，有效预防运动损伤。此外，通过拉伸训练可以有效地减轻运动员延迟性肌肉酸痛，加快肌肉中代谢产物的排出，有利于运动员身体疲劳的恢复。因此，科学地进行柔韧素质训练，对于提高运动技术水平具有极为重要的意义。

（一）柔韧素质的定义和作用

1. 柔韧素质的定义

柔韧素质是指人体关节活动幅度的大小以及跨过关节的韧带、肌肉、皮肤及其他组织的弹性和伸展的能力。柔韧素质通过关节运动的幅度，也就是按一定的运动轴产生转动的活动范围而表现出来。关节的活动幅度主要取决于关节本身的结构，以及跨过关节的肌肉、肌腱、韧带等软组织的伸展性。

2. 柔韧素质的作用

柔韧素质是运动员体能的组成因素之一，在运动员运动、训练、竞赛过程中发挥着重要的作用。同时，柔韧素质也是普通人群体质健康和运动能力的影响因素。

（1）为力量等素质的输出，提供结构和供能基础。

（2）帮助运动员提高运动技术的难度和美感。

（3）预防运动损伤，促进恢复，延长运动寿命。

（二）柔韧素质的分类

1. 动力性柔韧素质和静力性柔韧素质

（1）动力性柔韧素质

是指人体根据完成动作技术的需要，各个关节在较快速度的运动过程中拉伸到最大限度的能力。通常我们说的运动员完成动作的幅度大小就是指动力性柔韧能力。

（2）静力性柔韧素质

是指人体在静力状态下，保持关节角度和最大动作幅度的能力。如静力状态下肩关节柔韧能力、髋关节柔韧能力、脊柱柔韧能力等。

运动员静力性柔韧素质是动力性柔韧素质的基础，但是，静力性柔韧能力强不代表动力性柔韧能力一定也强。

2. 主动性柔韧素质和被动性柔韧素质

（1）主动性柔韧素质

是指运动员自身主动用力，依靠相应关节周围肌肉群的积极工作，完成大幅度动作的能力。如热身练习时行进间的前踢腿、扩胸运动。

（2）被动性柔韧素质

是指在一定外力协助下完成或在外力作用下（如教练员协助运动员做压腿练习）表现出来的柔韧素质水平。如靠（手抓）肋木进行的压腿、躯干侧屈练习，在教练员协助下运动员做长时间的劈叉动作等主动性柔韧素质，不仅反映拮抗肌的可伸展程度，而且也可反映主动肌的收缩力量。

3. 一般性柔韧素质和专项性柔韧素质

从运动员竞技水平的发展需要来看，柔韧素质可分为一般性柔韧素质和专项性柔韧素质。

（1）一般性柔韧素质

是指运动员在进行训练时，为适应这类身体练习，保证一般训练动作顺利进行所需要的柔韧素质。

（2）专项性柔韧素质

是专项运动技术所特殊需要的、特殊的柔韧素质。它建立在一般性柔韧素质基础上，并由各专项动作的生物力学结构要求所决定。体操、跳水等运动员为了完成各种专项练习，肩、腰、腿等部位必须表现出更大幅度的活动范围。

（三）柔韧素质的影响因素

解剖结构和训练因素是影响柔韧素质的关键因素，其中，有些因素（如关节结构、年龄、性别）是不能通过训练来改变的。在为运动员安排柔韧素质练习时，要考虑到影响运动员柔韧素质的各方面因素。

1. 关节的结构

关节结构决定活动范围。关节的结构是影响柔韧素质最不易改变的因素，基本上由遗传决定。球窝关节（如髋、肩关节）在所有关节中活动范围最大，可以在任何解剖平面活动。手腕关节是椭圆关节（椭圆形关节头，圆形凹面关节窝），其活动范围比肩关节都小，只能在矢状面、额状面一定范围内运动。膝关节属滑车关节，其活动范围最小。

2. 关节周围组织的弹性

肌腱、韧带、筋膜、关节囊，以及皮肤都可能限制关节活动范围，关节周围组织体积的大小对关节活动有限制作用。结缔组织（被动拉长后回到原来长度的能力）和牵张性（被动拉长的能力）也影响关节的活动范围。

3. 肌肉体积

肌肉体积增加可能会限制关节活动，从而影响关节的活动范围。一般来说，肌肉体积增大带来的好处往往大过它对关节活动范围限制造成的不利，但仍应注意肌肉增加的同时强化柔韧性训练。

4. 年龄和性别

大多数研究表明，女性柔韧素质普遍高于男性，原因是解剖结构的不同以及所从事的活动不同造成的。肌肉、韧带组织的弹性取决于男女性别和年龄特征，如男子与女子肌肉组成成分不一样,则弹性不一样。一般来说,年轻者较年长者的柔韧性好,女子较男子的柔韧性好,少年儿童较成年人柔韧性好。

5. 中枢神经系统的兴奋性

神经系统兴奋和抑制过程转换的灵活性与运动中肌肉的基本张力有关,特别是和中枢神经系统调节原动肌与对抗肌之间的协调性的改善,以及对肌肉紧张和放松的调节能力的提高有关。在中枢神经系统的影响下,肌肉的弹性会发生显著的变化。

6. 外部环境和温度

适宜的外部环境是表现柔韧性的有利条件,外界温度的变化对于运动员身体的机能状态有较大的影响,可以通过准备活动的方式(如慢跑、激活练习),提高身体温度进而提高身体的柔韧素质。

此外,柔韧素质还与其他因素(如时间、心理)有关。运动员早晨起床后的柔韧性较下午差的原因,可能与运动员身体机能或者运动员的心理状态有关。心理作用可通过中枢神经系统影响到有机体各部位的工作状况,消极的心理状态或过度紧张会使神经过程由兴奋转为抑制,致使运动员机体的协调能力下降,进而影响到身体的柔韧性。

二、柔韧素质训练的要求和方法

发展柔韧素质的目的是提高跨过关节的肌肉、肌腱、韧带等软组织的伸展性。发展柔韧素质的方法是拉伸(也称牵拉)练习,人们通常习惯把拉伸练习根据动作特征分为动力性伸展练习、静力性伸展练习和PNF(Proprioceptive Neuromuscular Facilitation Stretch)拉伸练习。拉伸需要运动员使身体的关节运动到活动范围受阻的位置,在这个受阻的位置继续施加一定的力以完成拉伸运动。拉伸类型大致可分为主动、被动或辅助拉伸。现阶段在实践训练过程中,主动、被动、辅助及功能性柔韧练习等不同类型拉伸方法和拉伸方式的安排组合形成了柔韧素质训练体系。

(一)柔韧素质训练的要求

1. 注重安全,训练安排科学有序

充分做好准备活动,拉伸练习之前准备活动不充分,容易造成韧带受伤。所以，在开始练习之前，要进行短时间的放松慢跑，提高拉伸肌肉群的血流量。

2. 发展柔韧素质与力量素质相结合

在运动活动中，虽然专项运动对柔韧性往往有较高的要求，但是一般来说，没有必要使其发展水平达到最大限度，超过关节的解剖学结构限度的灵活性（即过分发展柔韧性）会导致关节和韧带变形，影响关节结构的牢固性。

3. 以满足专项技术的需要为标准

运动员在比赛过程中的柔韧性，体现在技术动作中。柔韧性的表现不仅仅是在一个关节或一个身体部位，而是牵涉到几个有关联的部位，柔韧性练习是为了保证顺利地完成必要的动作。

4. 循序渐进，持之以恒

柔韧性训练要求在全年训练的任何一个时期，都安排发展或保持柔韧性的练习。由于肌肉、韧带等的伸展性并不是短时间里就能得到提高的，因此，在专门提高关节活动幅度阶段，应该每天都安排发展柔韧性的练习，做到循序渐进。

5. 合理规划区别对待

柔韧性训练必须根据项目特点和运动员具体情况安排。柔韧素质发展的敏感期是5～12岁，从小发展的柔韧性，能得到一定程度的巩固和保持，消退较慢。跳跃项目的运动员对腿部的柔韧性要求较高，训练时必须根据项目特点确定重点。在训练课前要安排全面的柔韧性练习，大负荷身体训练结束后，进行拉伸练习有利于及时消除运动员训练后生理不良反应，降低肌肉酸痛。

（二）拉伸练习

在运动实践中，不同的拉伸方式都有各自的特点。静力性拉伸不会因为活动范围超出关节组织而导致运动损伤，需要的能量较少，静力性拉伸对于缓解大负荷运动后产生的肌肉酸痛有良好的效果，有利于运动员肌肉恢复，但有研究表明，赛前进行过度的静力性柔韧练习可能造成肌肉松弛、肌力下降。动力性拉伸可以有效地激活神经肌肉系统，较大的拉伸范围对于发展柔韧素质效果更好，可以增加肌肉弹性、协调性，但速度快容易造成肌肉延迟性疼痛。PNF拉伸遵循本体感觉神经肌肉易化的基本理论，以主动—助力牵拉为主要形式，是一种常见的物理治疗方法，有研究表明，PNF拉伸对于提高关节活动幅度更为有效。

1. 静力性拉伸练习

静力性拉伸练习是指在一定时间里,缓慢地将肌肉、肌腱、韧带拉伸到一定活动范围并维持一定时间(通常 10 秒以上)的拉伸活动。静力性拉可作为运动前准备活动(适当缩短静止时间)或运动后整理活动的一部分,其主要特征是动作缓慢,并停留一定时间。

主动性拉伸是指运动员在动作最大幅度的情况下,通过主动收缩阻碍该块肌肉的对抗肌来实现拉伸自身肌肉,并保持一定时间的练习方式,这种方式相对舒适、安全和容易操作,例如,体前屈后静止并保持 10～30 秒。

被动性拉伸是指运动员开始时自己练习,在练习的最后部分利用某种外力来协助自己完成拉伸动作,并保持一段时间。这种协助可以是体重、皮带、杠杆作用、重力或者同伴,也可以是专门的拉伸设备。通过被动拉伸,可以放松尝试拉伸的肌肉,并依靠外部力量将自己固定在适当的位置。静力性练习是缓慢和连续的,并且在最后姿势保持一定时间。被动性拉伸练习可以达到更大的关节活动范围,对于发展柔韧素质的效果更好。

静力性拉伸练习要点如下:

(1)慢跑使身体发热,每一个拉伸动作停顿 10～20 秒,重复 23 次每周练习 1015 次。

(2)在做拉伸运动时要顺应身体状况,拉伸过程中会有肌肉的被牵拉感,但不应有疼痛感或不适感,如果感到疼痛,应立刻停止练习。

(3)静力性拉伸通常安排在训练或比赛后,能起到良好的肌肉放松作用。在训练和比赛前则要慎重安排,以免肌肉过度松弛而影响发力。

2. 动力性拉伸练习

动力性拉伸也称动力性伸展,是指有节奏的、速度较快的、幅度逐渐加大的、多次重复一个动作的拉伸。在运用该方法时用力不宜过猛,幅度一定要由小到大,先做几次小幅度的预备拉伸,然后加大幅度,以避免拉伤。

动力性拉伸练习有助于保持运动员关节运动的幅度,但不能改善肌纤维长度。事实上,动力性拉伸练习引起的是肌肉牵张反射,肌纤维被暂时拉长。如果过度牵拉肌纤维就会导致纤维受损,造成肌肉弹性丧失。在安排动力性拉伸练习时,教练员必须清楚练习存在的危险性。动力性拉伸练习要点如下:

（1）首先慢跑使身体发热，慢跑结束后通常做适量中等速度的快速跑练习，使神经肌肉和内脏功能活动达到较高的水平，为动力性拉伸做好充分准备，提高热身活动的效率。

（2）拉伸的动作幅度、力度要逐渐增加，不要过快，以免造成拉伤。

（3）每个练习重复5～10次，不同部位交替，可以分两次进行PNF拉伸法。

3.PNF 拉伸法

PNF拉伸法又称作本体感觉性神经肌肉练习法，是一种治疗技术，是在生理学、运动学、运动解剖学等学科基础上发展的一门治疗方法体系。由于这种方法的练习能有效改善特定肌肉的功能和关节的柔韧性，通过本体感觉神经肌肉之间的联系，改善身体柔韧性、平衡能力，提高经肌肉募集能力。所以，在训练中可以作为强化肌肉柔韧性的重要手段。

PNF拉伸包括被动的拉伸运动、对抗性活动和主动的肌肉收缩活动。这种方法可以调动神经系统兴奋性，让中枢神经系统更好地调节和控制肌肉活动，能够促进肌肉的放松，有效提高柔韧素质。PNF拉伸法的缺点是不能自己完成，需要同伴的帮助，需要专业的知识和熟练的操作技能。

PNF拉伸法在使用时要注意下列几点：

（1）避免在受伤时使用。

（2）一般不在练习的热身阶段采用，由于牵拉对抗时的强度较大，有可能在随后的训练比赛中存在受伤的隐患。

（3）通常在训练、比赛后的放松恢复阶段采用，也可以单独安排。

PNF拉伸法在训练实践中，从练习形式上看与静力性拉伸方法相似，机理上却有本质不同。在拉伸过程中，由于进行的肌肉等长收缩优先于拉伸，从而达到了比单独拉伸肌肉更好的效果，这是它不同于其他拉伸方法的显著特点。

（三）柔韧素质训练的要素

1.动作模式

柔韧素质训练的动作模式，主要反映在动作频率、用力大小和负重量三方面。宜采用中等强度进行，强度过大、过猛均易造成拉伤；强度过小，则不易达到发展柔韧素质的目的。

2. 练习重复次数组数与持续间歇时间

练习重复次数应根据运动员的年龄、性别、项目特点以及不同训练阶段（发展柔韧素质阶段、保持柔韧素质阶段）的任务进行安排。练习时每组动作可安排10～15次重复练习，每组练的持续时间可保持在6～12秒，摆动动作可达10～15秒（根据运动水平），静力性拉伸练习停留的固定时间可控制在15～30秒。

练习的间歇时间取决于练习的性质、动作的持续时间、参与工作的肌肉数量。一般控制在10秒～3分钟之间。确定间歇时间的基本原则，是应该保证运动员在完全恢复的条件下再做下组练习。间歇时间一般不能太长，否则会减小关节的活动性，降低训练效果。在间歇时间可安排一些肌肉放松练习或自我按摩练习，以便为下一次加大关节活动幅度提供条件，从而收到更好的训练效果。

三、柔韧素质训练的常用手段

发展各关节柔韧性所采用的动作很多，如压、踢、摆、搬、劈、绕环、前屈、后仰、吊、转等，主要形式可分为以下几类：

（1）在器械上的练习，利用肋木、平衡木、跳马、把杆、吊环、单杠等进行练习。

（2）利用轻器械的练习，利用木棍、绳橡皮筋等进行练习。

（3）利用自身所给的助力或自身的体重练习，如压腿，身体前倒，在吊环或单杠上做悬垂等。为了论述方便，下面根据身体部位介绍一些发展柔韧素质的常用动作：

（一）手指腕关节柔韧性练习

手指练习手段很多，徒手或负重都有，应考虑专项因素，主要有以下几种：

（1）握拳、伸展反复练习。

（2）两手五指相触用力下压，使指根与手背成直角或小直角。

（3）两手五指交叉直臂头上翻腕，掌心朝上。

（4）手指垫高的俯卧撑。

（5）杠铃至胸，用手指托住杠铃杆。

（6）用左（右）手掌心压右（左）手四指，连续推压，交替进行。

腕关节练习由通过腕关节促使手屈伸内收、外展及腕间关节转动等构成。一般练习方法有屈伸、绕环、卧撑推手、倒立爬行等。

（二）肘关节柔韧性练习

肘关节运动时屈伸动作较多，所以在发展屈肌力量练习的同时，配以屈肌的伸展性练习，主要采用压肘、旋内、旋外、绕环的练习动作。由于运动中挥臂的动作多、速度快，肘关节所受的刺激较大，是容易受伤的部位，因此，应重视肘关节的柔韧性和力量训练。

（三）肩关节柔韧性练习

肩部（肩轴）是运动过程中人体上部的支撑点，在运动中处于非常重要的位置，可采用压、拉、吊、转等多种方式进行练习。

1. 压肩

（1）手扶一定高度物体身体前屈压肩。

（2）双人手扶对方肩，体前屈直臂压肩。

（3）面对墙一脚距离站立，手大小臂胸触墙压（逐渐加大脚与墙的距离）。

2. 拉肩

（1）双人背向两手头上拉住，同时作马步前拉。

（2）练习者站立，两手头上握住，帮助者一手拉练习者头上手，一手顶背助力拉。

（3）练习者俯卧，拉木棍，一手顶其背助力拉。

（4）背对肋木坐，双手头上握肋木，以脚为支点，挺胸腹前拉起成反马形。

（5）背对肋木站，双手反握肋木，下蹲拉肩。

3. 吊肩

（1）单杠各种握法（正反）的悬垂摆动。

（2）单杠负重静力悬垂。

（3）悬垂或加转体。

4. 单杠悬垂，两腿从两手间穿过下翻成后吊

用木棍、绳或橡皮筋做直臂向前、向后的转肩（握距逐渐缩小）。

（四）腰腹部柔韧性练习

腰腹部处于人体的中间环节，也是四肢的连接部位，肌肉的层次、走向复杂多样，可采用多种方式进行柔韧性练习，主要的练习手段有以下几种：

（1）弓箭步转腰压腿。

（2）两脚前后开立，向左后转，向右后转，来回转腰。

（3）体前屈手握脚踝，尽量使头、胸、腹与腿相贴。

（4）站在一定高度上做体前屈，手触地面。

（5）分腿体前屈，双手从腿中间后伸。

（6）分腿坐，脚高位体前屈，帮助者可适当用力压其背部助力。

（7）后桥练习，逐渐缩小手与脚的距离。

（8）俯卧撑交替举后腿，上体尽量后抬成反弓形。

（9）双人背向，双手头上握或互挽臂互相背。

（10）肩时倒立下落成屈体肩时撑。

（五）胸部柔韧性练习

胸部练习采用的手段主要有以下几种：

（1）俯卧背屈伸，练习者腿部不动，积极抬上体挺胸。

（2）面对墙站立，两臂上举扶墙，抬头挺胸展肩。要求让胸尽量贴墙，幅度由小到大。

（3）背对鞍马头站立，身体后仰，两手握环使胸挺出。要求充分伸臂，顶背拉肩、胸。

（4）练习者并腿坐在垫子上，臂上举，同伴在背后向后拉其双手，用脚练习者肩背部。

（六）髋关节柔韧性练习

髋关节的柔韧性练习主要发展前后、左右开胯的能力。练习手段有髋关节绕环、正向脚跟脚尖转跳等。发展膝关节、髋关节柔韧性，常结合在一起练，称为腿部柔韧性练习。经常采用的练习动作有主动或被动的压腿、踢腿、摆腿、劈腿等。

（七）下肢柔韧性练习

腿部柔韧性训练，主要发展腿部前、侧、后的各组肌群伸展和迅速收缩的能力，以及髋关节的灵活性。腿部柔韧性训练主要采用压、开、踢、控和劈腿等动作方式。主要手段如下：

（1）压腿：分正压、侧压和后压三个方向，将腿放在一定高度上进行练习。要求正压时髋正对腿部，侧压和后压将髋展开。

（2）开腿：分正、侧、后三个方向站立，可由同伴帮助把腿举起加助力按。要求肌肉放松不要主动对抗用力。

（3）踢腿：可扶肋木。常用的踢腿方法有正、侧、后踢腿，还可采用两腿分别向异侧45°方向踢出的十字踢腿。踢腿时要求上体正直，腿伸直。

（4）控腿：按舞蹈基本功势，向三个方向上举，并控制在一定高度上，包括前控腿、侧控腿和后控腿。控腿时要注意保持躯干姿势。

（5）劈腿：前后劈腿时，同伴帮助压后大腿根部；左右劈腿时，应将两脚垫高，自己下压或由同伴扶住髋关节下压。

（八）踝关节和足背部柔韧性练习

增强踝关节的柔韧性可以提高弹跳力，因为小腿腓肠肌和比目鱼肌，以及跟腱的韧带拉长后再收缩就更有力量。足背的柔韧性好，不但可以增加肌肉收缩力量，而且可以使动作姿态更加优美。可采用下列手段进行练习：

（1）正对肋木，练习者手扶腰部高度肋木，用前脚掌站在最下边的肋木杠上，利用体重上下压动，然后在踝关节弯曲角度最大时，拉长肌肉和韧带，反复练习。

（2）练习者跪坐在垫子上，利用体重前后移动压足背；也可以将足尖部垫高，使足背悬空，做下压动作，这样强度更大一些。

（3）练习者坐在垫子上，在足尖部上面放置重物，压足背。

（4）做脚前掌着地的各种跳绳练习。

（5）做脚前掌着地的各种方向、各种速度的行走练习等。

第五节　灵敏素质与协调素质训练

灵敏素质与协调素质是影响人体运动能力的重要因素，也是运动员竞技能力的重要组成部分。二者密切联系，既相互促进，又相互影响。现阶段在功能性体能训练理论中，直接论述灵敏和协调训练的内容较少，但是，其中的快速伸缩复合训练、动作（技能）训练、核心柱训练的实质就是灵敏与协调的训练，涉及的内容有所重叠。因此，灵敏素质与协调素质训练也是功能性体能训练体系的重要组成部分。

一、灵敏素质及训练

（一）灵敏素质概述

1. 灵敏素质的定义

灵敏素质是运动员面对突然变换的外界刺激因素，迅速改变身体的空间位置和运动方向，快速、准确地转化并完成动作的能力。"快"和"变"是其主要特征。灵敏素质是一种复杂的运动素质，主要与反应能力、身体素质、动作技能、身体形态和系统机能等因素有关，它包含了神经心理因素（如预判、直觉、感觉、决策等），同时也包含了诸如反应时间、加速度、最大速度、改变方向的速度和机动性等生理因素，是运动员竞技能力的重要组成部分。

2. 灵敏素质的作用

灵敏素质是一种综合素质，是速度、力量、柔韧等运动素质的综合表现。运动员具备良好的灵敏素质，使肌纤维正确地激活，控制精细肌肉运动，有助于避免运动损伤。灵敏素质的训练效果不易消退，训练获得的灵敏性能力可以保持较长的时间，这与力量、速度和耐力训练不同。灵敏素质所能达到的层次，很大程度上决定了运动员专项技术所能达到的高度，甚至影响运动员的运动寿命。

3. 灵敏素质的分类

（1）一般性灵敏和专门性灵敏

一般性灵敏素质是指在完成各种复杂动作时所表现出来的适应变化的外环境的能力。专门性灵敏素质是指运动员在专项运动中，迅速、准确、协调地完成专项运动中各种动作的能力，它是在一般灵敏素质的基础上多年重复专项技能和技术环节训练的结果。

（2）动作性灵敏和反应性灵敏

动作性灵敏是指人体在运动中根据需要迅速改变动作的能力，表现为连续的变速或变向、急起急停、快速转身等动作行为，主要受力量、速度等身体素质的影响。反应性灵敏是指人的中枢系统在受到外界环境刺激时，通过各种感觉系统进行快速的信息加工和发出指令的能力，与经验、判断、决策和心理唤醒水平有关。反应性灵敏是动作性灵敏的生理基础。

（二）灵敏素质的影响因素

灵敏素质是神经反应、运动技能和各种运动素质的综合表现，这些要素与灵敏素质有密切关系，其中任何一种能力较差，对灵敏素质的提高都会造成不利影响。

1. 神经活动的灵活性

任何动作都受神经中枢和神经肌肉支配调节的控制。灵敏素质是在极其巩固的运动技能基础上表现出来的，也就是在大脑皮质综合分析能力高度发展的情况下才能体现。大脑皮质的分析、综合能力是在时间和空间上紧密结合进行的。需要反复练习，使技术动作熟练化、自动化，使大脑神经活动兴奋和抑制的转换能力加强，才能提高大脑神经活动的灵活性，从而在任何环境中都能把技术动作熟练地表现出来。

2. 动作技能储备

实践证明，运动员掌握的动作技能越多、越熟练，则不仅学习新的运动技能快，而且技术运用也显得更灵活，更富有创造力，表现的灵敏素质也就越高。在激烈的比赛中，运动员能够根据实战需要，迅速做出适宜的动作反应。

3. 速度和力量发展水平

灵敏素质水平的高低主要由快速力量、速度能力所决定。力量是保障肌肉或肌肉群克服阻力的能力，快速力量、爆发力对灵敏素质的影响最大。速度是保障身体向各方向快速移动的能力，是一种包含反应、动作、加速、减速、移动等速度的综合能力。另外，协调和平衡能力对灵敏素质也有较大影响。

4. 智力和经验

灵敏素质并不是独立存在的，也不仅仅是动作能力，良好的智力发展水平和敏捷的思维能力对运动员的灵敏素质有重要影响。在体育活动中，各种运动技术和运动技能的灵活应用、聪明的战术思想灵感及其具体实施、大脑神经活动兴奋与抑制的转换程度与快速工作能力的均衡等，都取决于良好的智力发展水平和敏捷的思维判断能力。

5. 身体机能状态

灵敏素质较大程度上受身体机能状态的影响。本体感受器（运动感受器）的灵活性与准确性，以及肌肉收缩的协调性与节奏感，是影响灵敏素质的重要因素。通过多年系统训练，可使上述能力得到全面提高。

6. 年龄、性别、体重和遗传因素

灵敏素质受遗传因素的影响较大，主要是因为与灵敏素质关系密切的神经、肌肉类型等都受到遗传因素的影响。灵敏素质与年龄和性别有关，中老年人的灵敏性要明显低于青少年；在儿童期，男女灵敏素质几乎无差别；在青春期，男子逐渐优于女子；在青春期以后，男子明显优于女子。女子进入青春期，体重增加会导致身体克服惯性的难度变大，加之内分泌系统变化，灵敏素质会一度出现明显的生理性下降趋势。根据这一变化规律，在青春期以前就应加强女子的灵敏素质训练，使之得到较好发展。

（三）灵敏素质训练的要求和方法

灵敏素质是人体综合能力的反映，受遗传因素影响很大。因此，对运动员进行选材时应充分考虑其灵敏素质。为了提高灵敏素质，从青少年时期就应同时学习和掌握大量运动技能，进行动作技能储备。因为青少年神经系统的可塑性（改变和适应环境的能力）远远高于成年时期，有利于充分发挥灵敏素质。

1. 灵敏素质训练的要求

（1）从小培养，发展多种运动技能

灵敏素质是人体综合能力的表现，是一种动作技能储备的自然表现。所以，发展灵敏素质还必须从培养运动员的各种动作能力入手，在训练中广泛采用发展其他运动素质的方法来发展灵敏素质。

（2）结合项目，训练手段多样化

采用多种多样并经常变换的手段发展灵敏素质，对强化运动员运动器官机能，提高灵敏素质更为有效。

（3）合理安排时间，营造轻松愉悦的训练氛围

灵敏素质训练在整个训练过程中都应适当安排，使之系统化，但训练时间不宜过长，练习重复次数不宜过多。

2. 灵敏素质训练的方法

（1）程序性灵敏素质的训练

运动项目及人体运动对灵敏素质有共性的要求，对于比较相似的竞技行为，运动员可以在一定程度上预先做好准备。这首先要求对比赛中经常可能出现的环境、对手的行为特征有所了解，进而制定相应的对策预案，并在训练过程中模拟实施，有针对性地进行训练，做好程序化准备。在比赛过程中，一旦该情景出现，能尽快地做出选择性反应，程序化地进行应变操作。程序性灵敏素质训练的主要方法有：

①"图形跑"发展程序性灵敏素质的练习，可在不同速度下进行，例如，围绕摆放成"之"字形或"T"字形的锥形物跑、穿梭跑。在练习过程中按照已知的标准形式改变运动的方向。

②限制完成动作空间的练习，如缩小球类运动场地的练习。

③改变习惯动作方式、改变完成动作的速度难度或频率，如采用不同器械设立不同目标、完成不同任务的往返跑和接力跑，变换动作的节奏，变换动作的频率等。

经常进行这些练习，并能在正常情况下完成，比赛中则可以灵活地应对不同的赛场环境。

（2）随机性灵敏素质的训练

运动场上更多的是反应性的灵敏活动，这种随机性灵敏动作对应与完全无序的竞技行为，因此，更加难以培养和提高。发展随机性灵敏素质练习的主要方法有：

①以非常规姿势完成动作：如各种侧向或倒退方向的练习。

②以对侧肢体完成动作：如反侧腿栏跳远，用对侧脚盘带球或踢球，作反方向拳击防护等。

③制造非常规训练条件练习：如增加对方队员人数并使用不同战术，改变训练场地条件（山地跑或山地滑雪），在有浪的水中进行游泳或赛艇训练，负重完

成动作，缩短栏间距离的跨栏等。

④各种信号的综合刺激练习：利用视觉、听觉、触觉系统，刺激运动员进行快速的反应、移动练习等。

由于突发竞技行为难以预见，要求运动员对于无法预知的竞技环境和运动形式做出随机反应，对运动员机动灵活的应变行为提出了更高要求。可以通过躲闪练习（如躲闪下落的网球）和进行专门性练习（如跳起落地后听从并完成教练随机提出的未知运动形式）加以训练。灵敏素质训练富有挑战性、趣味性和刺激性，训练方法千变万化，不要使练习变得枯燥乏味。

二、协调素质及训练

（一）协调素质概述

1. 协调素质的定义

协调素质是指运动员机体的不同系统、不同部位、不同器官，在特定的时间和空间条件下协同配合、合理有效地完成技术动作的能力。协调素质是形成运动技术的重要基础，运动协调素质是综合的神经机能能力，其表现形式为运动员机体能够和谐地将运动时的时间、韵律和顺序等因素调和在一起协同运作，高效地完成动作。人体运动协调能力由反应能力、空间定向能力、本体感知能力、节奏能力、平衡能力与动作认知有关的认知能力等多种要素构成。也有观点认为，人的协调性不是一种单纯的身体素质而是一种综合能力，是人体各器官系统机能、运动素质、心理品质、个性特点和动作储备的综合体现。

2. 协调素质的作用

协调素质是一种综合性的运动素质，是评定动作质量和动作效果的重要指标之一。协调素质的高低，不仅影响技术、体能的层次，也很大程度上决定了运动员后期所能达到的竞技水平高度。良好的协调素质有助于运动员迅速地建立起大脑皮质中，相关中枢之间的暂时联系，更快地形成动力定型，高质量地掌握运动技术等。

3. 协调素质的分类

从机能系统的角度可把协调素质分为神经协调、肌肉协调与动作协调。

神经协调是指在完成动作时神经活动过程的兴奋和抑制的相互配合和协同。

肌肉协调是指肌肉适宜而合理地用力，其中包括工作肌肉用力的程度和用力的时间顺序。用力的程度取决于参与工作的肌肉和肌纤维的数量，用力的时间顺序则是肌肉紧张和放松的相互配合能力。

动作协调是指动作的不同阶段、不同环节相互配合、相互连接的状态，它取决于本体感受器官所提供的信息。

人体要完成一个动作，不论简单还是复杂，都存在着主动肌、辅助肌、拮抗肌的相互配合协作，以及不同动作部位各肌肉间的配合协作。

从运动特点及其与运动专项关系的密切程度，可将协调素质分为一般协调和专项协调。一般协调素质是指运动员完成各种运动时所需要的普适性的协调能力；专项协调素质是指运动员完成专项运动时所需要的专门性的协调能力。

4. 协调素质的影响因素

（1）神经系统的支配和调节能力

人体的活动过程是中神经协调各器官、系统进行的复杂的机能活动。动作完成质量的优劣取决于神经系统的支配和调节，需要建立在完整、高效的神经反射弧的基础上。运动员神经系统的机能状况直接影响动作完成的协调度，如果人体具备快速的反应能力、高效的运动单位募集水平、优化的神经反射弧传导通路，其神经系统机能必然能保证人体协调完成动作。

（2）动作和技能的储备量

协调素质反映人体各器官、系统协调完成某一动作的能力，其表现形式即为动作协调。而动作协调需要建立在多种技术相互配合的基础上，运动技能储备越丰富，技能间的相互支撑或迁移的能力就越强，运动员完成动作的协调性表现就会越好。

（3）时间方位和节奏的感知能力

运动表现是建立在时间和空间两大基本维度之中的。运动由一系列同时和不同时发生的身体动作组成，体育运动极具节奏性，运动员对于时间节奏的掌控和空间维度的判断，需要具有良好的时空感知能力，因此，协调能力的培养必须建立在时间、空间和节奏的整体观念基础上进行。

现代体能训练理论及方案设计

（4）项目专项化水平协调能力

是完成专项动作的基础。运动员专项协调能力越好，运动单位的募集水平就越高，完成专项动作的效率就越高，技术动作就越节省，表现出的动作协调水平就越高。

（5）心理状态

运动员往往在放松的状态下能够做出协调稳定的动作，这样的动作省时省力，从而达到事半功倍的效果。这主要得益于身体各个部分密切一致的协调配合。

（6）遗传因素

协调素质具有很强的遗传特性，训练中要最大限度地挖掘运动员的协调素质潜能，合理安排敏感期的协调训练。

（7）其他体能要素的发展水平

协调素质表现是多器官、多系统共同作用的结果，所以，其他素质的发展水平也在一定程度上影响着协调素质的综合表现，如反应速度、肌肉耐力、力量水平、灵敏性等。

（二）协调素质训练的要求和方法

根据现有理论，协调素质影响因素主要有神经活动过程的灵活性和可塑性，运动技能储备，身体素质发展水平，个性心特征和运动智能等。因此，针对协调素质的训练应该讲求方法，提出合理的要求。

1. 协调素质训练的要求

（1）多样化训练，综合发展多种运动技能

运动员的协调能力受到时间、空间或动力控制等多种因素的影响。在提高运动员协调能力的训练中，关注某一能力改善的同时，应注意与全面改善综合协调能力密切结合起来。

（2）科学规划，注重敏感期的训练

协调素质虽然受遗传的影响很大，但是经过后天的努力仍可提高，尤其是在肌肉和动作的协调方面。应重视运动员在运动技能发育过程中存在的差异性，关注协调素质发展的"机会窗口"，选择适合的训练内容。青少年运动员应该进行更多运动项目的练习，以期达到事半功倍的效果。

（3）持之以恒，克服肌肉过度紧张

肌肉不合理的紧张是由于肌肉在收缩之后不能充分放松而引起的，而培养良好的调节肌肉张弛力的能力是一个长期的过程。

（4）强化空间感觉和空间准确性

空间感觉必须深入到各专项，才能适应其特殊性。在周期性项目中，协调能力的专门练习手段较少，因此，随着运动技术水平的逐步提高，应在完成习惯性练习的同时，开拓更多的训练手段。

（5）提高维持静态和动态稳定性的能力

由于很多动作均要求身体在动态中仍要保持平衡，这种动态平衡的能力，不仅可以在动作技能训练中得到练习，在各种静态平衡练习中也可得到提高。静态性与动态性平衡练习有序结合，才能取得良好的效果。

2. 协调素质训练的方法

协调素质的训练方法，通常可以归纳为以下4类：

（1）配合训练

两个系统、两个部位、两个肌群之间协同练习。

（2）变换训练

用不同的要求做同一动作，如轻重球、左右手（腿）前后左右跳、快慢交替等。

（3）加大难度训练

跑跨高低栏、球类的以少打多（加强防守）、小场地对抗等。

（4）非常规动作

在特殊场地运动，不习惯的身体练习，反向完成动作等，如沙地跑、跳等。

第五章　现代体能训练方案设计

本章为现代体能训练方案设计，本章从实践角度入手，主要从体能训练方案设计的理论依据、体能训练的方案制定及实施两个方面进行阐述。

第一节　体能训练方案设计的理论依据

体能需求分析是体能教练员要做的第一步工作。需求分析分为两部分，第一部分是项目的需求和特点评价；第二部分是对运动员的评估。

一、运动项目的专项性分析

需求分析的第一步是确定项目的独特性。这些信息有助于体能教练员针对项目特点的需求来制订针对性的训练计划，这个工作的进行可以有多种方式，但是最少要考虑以下4个方面：

第一，身体和肢体的运动模式，以及参与的肌肉群（运动力学分析）。

第二，在力量、爆发力、肌肉体积，以及肌肉耐力等因素中哪个更为优先（生理学分析）。

第三，常见的肌肉、关节损伤部位以及形成因素（运动损伤分析）。

第四，其他评价，包括速度、灵敏、柔韧等素质的评估。

举例来说，对于铅球运动项目进行的运动分析显示，铅球运动是一项全身性运动，动作的开始是运动员以半蹲状态站立，许多关节处于屈和内收状态；投铅球后的结束动作人体处于站立伸展姿态，许多关节处于伸和外展状态。运动中主要涉及的肌肉有（无顺序）：肱三头肌、三角肌、股四头肌、臀肌、大腿后群肌、比目鱼肌和腓肠肌。从生理角度来看，铅球运动需要肌肉的最大力量和爆发力，另外，健硕的肌肉也是有利因素，因为健硕的肌肉表明肌肉横断面较大，较大的肌肉横断面可以产生更大的力量。对于伤病分析来说，运动医学界提供的报告认为，铅球运动员肩关节、肘关节周围的肌肉和韧带容易损伤。所以，对该区域的关节活动度和肌肉力量的储备，应作为预防伤病的主要手段。

二、运动员的评估

运动需求分析的第二项是对运动员进行诊断，明确运动员的具体需求，并且确立训练目标。此项工作是通过评价运动员训练状态、对运动员进行一系列测试、确定基本训练目标等过程来实现的。评估过程越是具体化，体能训练计划对每个运动员的针对性就越强。

（一）评价运动员的训练状态

训练状态是运动员当前的训练情况，或者说运动员是否准备好进行一个新的训练计划，还是依旧使用原有的训练计划。所以，在制订训练计划时必须考虑运动员的训练状况。对运动员训练状态的评估应包括运动员的训练背景和训练历史、运动医学专家对运动员伤病状态的诊断（包括新伤和老伤等），看其是否会影响到运动员的训练。了解运动员的训练状态，将有助于体能教练员更准确地把握运动员的训练能力。运动员的训练背景评估都包括以下5个方面：

第一，训练的类型，如心肺功能的训练、拉长收缩训练、抗阻力量训练等。

第二，运动员的具体类型。

第三，从事训练的年限。

第四，先前训练的强度水平。

第五，训练技术经验（如抗阻训练中正确练习方法的掌握并分等级等）。

（二）专项素质测试

运动员的身体素质评价包括运动员的力量、柔韧、爆发力、速度、肌肉耐力、身体成分、心肺功能等方面的评估。以力量训练为例来说，为了获得可靠的相关数据，必须对运动员进行准备的肌肉力量测试，以便能评价其几大关节的肌力水平，包括屈伸比、左右侧肌肉力量对比、肌肉耐力水平和爆发力水平等。另外测试时也应该选择一些与专项运动相关、与运动员水平相符合的测试方法。并根据测试结果制订专项体能训练计划。同时，针对不同项目运动员的心肺功能训练计划，在训练方式、训练频率、训练强度上都有很大差异，最好的计划是既能发展运动员的长处，又能弥补其不足。在设计这种计划时，必须清楚限制心肺功能的有氧、无氧因素，包括最大摄氧能力、乳酸阈等，同时，在设计训练计划时，也要考虑运动方式、训练频率、训练强度、训练持续时间，以及对训练的监控等因素。测试结束以后，根据测试的评价结果，设计出针对弥补运动员不足、保持运动员长处，或者进一步发展身体各项能力的计划，以满足专项运动的需求。

（三）确定基本训练目标

一般体能训练的基本目标都包括肌肉力量训练目标、心肺功能训练目标、其他基础身体素质等素质的目标。其中，力量训练又可分为全身或局部的最大力量训练目标、快速肌肉耐力训练目标；心肺功能的训练目标可分为有氧能力训练目标、无氧能力训练目标；其他基础身体素质包括灵敏性、速度、协调性、柔韧性等身体素质的训练目标。以上所有训练目标的制定都要依靠具体的测试来完成，通过测试来审定目前对运动员体能训练计划的安排是否有效果、是否对该名运动员的个性化体能训练有效果。

第二节　体能训练的方案制定及实施

一、抗阻训练计划的制定

抗阻力量训练是一个复杂的过程，需要进行以下7个步骤来完成计划的制订：

（一）分析需求

抗阻训练的需求分析要从运动项目的评价、运动员身体素质的分析、当前训练状态分析、明确抗阻训练目的等几个方面来分析需求。运动项目的评价要从以下几个方面来考虑：运动生物力学方面，身体和肢体的运动模式，以及参与的肌肉群；运动生理学方面，在力量、爆发力、肌肉体积，以及肌肉耐力等诸项因素中哪个更优先的分析；运动损伤分析，常见的肌肉、关节损伤部位，以及形成因素的分析。运动员身体素质的分析包括以下几个方面：要对运动员进行诊断，明确运动员的具体需求，并且确立训练目标。此项工作是通过评价运动员训练状态、对运动员进行一系列测试、确定基本训练目标等过程来实现的。评估过程越是具体化，体能训练计划对每个运动员的针对性就越强。明确抗阻训练的主要目的是要通过分析运动员的测试结果，以及运动员在赛季中的训练侧重点来分析的。一般来说，抗阻训练目的是增加力量、爆发力、促进肌肉肥大和肌肉耐力。尽管有时需要在两个方面都要得到加强（例如力量和肌肉耐力），但是，赛季中每个时期应该努力使训练目的集中在一个方面。

（二）选择运动方式

运动方式的选择就是选择运动员在一项抗阻训练中的练习项目，而且还会受到专门性原则、运动需要的时间、运动器材和运动员训练经验的影响。考虑到这些问题之后，体能教练员在运动的特点和类型基础上选择运动方式。尽管抗阻训练的方法有成千上万，涉及了身体基本的肌肉群或身体部位，但是可以根据其对专项的重要性分为以下几类：

1. 核心训练和辅助训练

根据所动用的肌肉横截面积的大小，以及与专项运动的相关性，可以将练习方法分为核心训练和辅助训练。核心训练动用一组或多组大块肌肉（如胸、肩、背、髋、大腿），涉及两个或者更多的关节（多关节训练），以其在专项运动中起着基本、直接的作用，因而常常是优先发展的部分。辅助练习通常动用较少的肌肉（如肱二头肌、肱三头肌、斜方肌、腹部、颈部、小腿前后部等），涉及一个主要关节（单关节训练），对提高专项水平重要性较低。按上述标准划分核心训练和辅助训练时，肩部关节、脊柱会被看作一个基本关节（例如腹背肌的屈伸训练）。

因为辅助练习涉及一个特殊肌肉或者一组肌肉群，常常被用于防止损伤的训练中，或者是康复训练中。由于专项运动技术特点而注定损伤的肌肉（如上手投掷动作易损伤肩关节的旋外肌群）和那些伤后准备康复的肌肉群，都可以采用辅助练习来训练。

2. 结构和爆发力训练

强调脊柱直接负重（深蹲）或间接负重（高翻）的核心练习可叫作结构练习。具体来说，结构练习涉及举重动作过程中身体姿势的稳定（例如，在深蹲训练中要保持躯干的紧张和腰背的平直）。以爆发式或较快速度进行的结构练习叫作爆发力训练。需要注意的一点是，爆发力训练通常是与专项运动结合得很紧密的。

3. 抗阻训练的专项性和其他注意事项

体能教练要确定运动项目专项的独特要求和特点，在抗阻训练中着重针对某一项的训练，应该在肢体和身体运动模式上、关节活动范围上，以及在所动用的肌肉上与专项运动相似。同时，训练中要考虑肌肉系统的平衡，以减少由于肌肉发展不平衡造成的损伤。为满足专项需求所选择的训练方法，也要考虑髋关节的肌肉力量平衡和拮抗肌（例如肱二头肌和肱三头肌互为拮抗肌）之间的平衡，避免因为抗阻训练而引起主动肌和拮抗肌之间的不平衡导致造成损伤。一旦出现这种不平衡，就必须纠正这种不平衡的训练方法。

（三）制定训练频率

训练频率是指单位时间内完成训练课的次数。在抗阻训练中，这个单位往往规定为一周。体能教练总在决定训练频率的时候主要应考虑如下几个问题：运动员的训练状态，所处的赛季或者训练周期，计划中的训练负荷、训练类型，本周期中其他的训练内容。

（四）制定练习顺序

练习顺序是指一次抗阻训练课中，安排各种练习内容的顺序。虽然有多种安排顺序的方法，但是最终主要是依据各种训练之间的相互影响来决定的。以下内容是4种最常用的安排训练顺序的方法：

1. 先安排爆发力练习，再安排其他核心练习，最后再安排其他辅助练习

爆发力练习，如抓举、高翻、上举等，应该安排在最先练习，之后应该是非爆发式的核心练习，最后是辅助练习。如果没有安排爆发力训练，那么顺序就是先核心练习，再辅助练习。

2. 上身和下肢交替练习

这是一种能增加运动员练习恢复水平的安排方法，这种安排对于初学者尤为有益。当训练时间不充裕时，这种安排既可以减少练习的组间间隔时间，又能最大限度地保证肌肉得到休息，这样安排可以节约训练时间。而且，如果多种练习按这样连续的安排进行，几乎没有间歇，就是循环练习。

3. 推、拉交替练习

这是另一种改善运动员练习中组间恢复水平的方法。推的练习如卧推、推肩、

伸肘等，拉的练习如坐位下拉、快速提拉等。这种推、拉交替的安排保证了同一组肌肉不进行连续两组的练习，这样就会减少肌肉的疲劳。

4.超级组和组合组

安排训练的方法还包括将两种练习安排在一组进行，两组练习之间没有间隙时间，做完一种接着做另一种练习的方法。最常见的就是超级组和组合组。超级组是指同组进行的两种练习动用的肌肉是相互拮抗的。组合组是指同组进行的两种练习动用的肌肉是同一组肌肉。这样两种练习的刺激组合在一起，作用于同一组肌肉，既节省了时间，也有意加大了练习的刺激强度，因此，对于无训练或训练状况不佳的运动员不太适合。需要注意的是，有时候超级组和组合组的含义是可以互换的。

（五）训练负荷和重复次数

负荷是指一组练习使用的重量，通常被认为是抗阻训练中最重要的参数。而且，负荷和重复次数是负相关的关系，负荷越大，重复次数就越少。因而，当训练目标确立以后，负荷和重复次数也就基本确定。

（六）训练量安排

训练量是指一次训练课举起的总负荷：计算训练量的方法是将组数乘以重复次数再乘以每次重复练习的负荷。例如，2 组 10 次重复，负荷为 60 千克的训练量为 2×10×60=1200 千克（如果各组练习的负荷不一样，那么先计算每组的训练量，再将各组的训练量相加得到总训练量）。

抗阻训练训练量的安排方法，有人提出以 8~12 次 / 每组重复达到力竭的训练来提高肌肉力量、增加肌肉体积。也有人提出通过每次课、每种训练来训练一组的方法能够提高最大力量。对于训练无素的人来说，单组训练可能是合适的提高力量的方法；对于刚开始训练的人来说，在前几个月进行此项训练可以提高力量水平。但是许多研究指出，要得到进一步的力量增加，特别是达到中、高级的运动员，必须提高训练量才能达到目的。另外，肌肉骨骼系统最终会适应单组练习达到力竭的刺激，需要进行多组练习来增加刺激，使肌肉力量持续增长。有人提出，10 次 / 组、进行 3 组的训练，每组练习并不达到力竭，这样的训练会比进行 1 组，每次达到力竭的练习更能增加肌肉力量。因此，从一开始就进行多组训练的运动员会比进行单组训练的运动员力量提高更快。需要注意的是，在进行100%RM 负荷时（例如以 10RM 的负荷进行 10 次重复训练），并不是每次课、每组训练都能完成计划规定的重复次数，在每次训练的后面几组可能会达不到所要求的重复次数。

运动员的训练状态直接影响到他们能够提高的训练量。对于刚开始训练的运动员应该安排每种训练进行 1~2 组，然后随着训练水平的提高逐步增加组数以提高训练量。在明确运动员的训练状态以后，还要根据训练目的来设计训练量。抗阻训练的主要目的分为肌肉力量增长（最大力量和爆发力）、肌纤维增粗和肌肉耐力增长 3 个方面：

（1）肌肉力量增长：核心训练 ≤ 6 次，3~6 组；辅助训练 ≥ 8 次，1~3 组。

（2）肌纤维增粗：每组采用中高等次数，3~6 组，所以训练量较大。

（3）肌肉耐力增长：每组重复次数较多（例如大于 12 次 / 组）。

（七）制定合理间歇时间

多组相同运动之间的休息时间称为间歇时间，间歇时间与训练目标高度相关，与训练的负荷、运动员的训练状态相关。

间歇时间与训练负荷是密切相关的，负荷越重，所需要的间歇时间就越长。例如，以提高肌肉力量为目的的 4RM 训练所需要的间歇时间要长些。虽然训练目标与间歇时间存在一定的关系（例如，肌肉最大力量的训练需要较长的间歇时间），但是并不是抗阻训练中的每一种训练都要求一致的间歇时间。体能教练员一定要根据训练的负荷及动用的肌群来安排间歇时间。例如，辅助练习以提高力量为目的时，需要的负荷可能是 12RM（如肩侧举练习），它所需的间歇时间为 1 分钟；而核心训练以提高力量为目的时，需要的负荷为 4RM（例如卧推），它所需要的间歇时间为 4 分钟。详细分类如表 5-2-1 所示。

表 5-2-1　训练目标与所需的间歇时间

训练目标	间歇时间 / 分钟（未注者）
力量增长	2~5 分钟
爆发力	
一次用力项目	2~5 分钟

续表

训练目标	间歇时间/分钟（未注者）
多次用力项目	2～5 分钟
肌纤维增粗	30 秒～1.5 分钟
肌肉耐力增长	≤ 30 秒

注：有时候辅助练习的负荷超出了训练目标的范围，这时候体能教练员应根据实践练习的负荷来确定时间，不能简单套用该表的数据。

1. 力量训练和爆发力训练的间歇时间

有些教练员为了更好地提高运动员能力，会有意缩短间歇时间，但是需要注意的是运动员在进行最大负荷或接近最大负荷训练时（特别是下肢训练），一定要保证较长的间歇时间。罗宾逊发现在深蹲训练中间歇 3 分钟的训练效果好过 30 秒的训练。爆发力和力量训练中的间歇时间至少应该是 2 分钟，或在 2～5 分钟之间。

2. 肌纤维增粗训练的间歇时间

旨在增加肌肉体积的力量训练中，经常采用较短或中等长度的间歇时间。有学者认为，旨在肌纤维增粗的训练中，间歇时间要短，要在上一组训练尚未完全恢复之前开始下一组训练。尽管如此，那些包含大肌群的训练能量消耗大，间歇时间应特别考虑（如增加间歇时间等）。关于旨在增加肌肉体积的训练中的间歇时间有多种建议，可以选择小于 1.5 分钟、30 秒～1 分钟、30 秒～1.5 分钟。

3. 肌肉耐力训练中的间歇时间

肌肉耐力训练的间歇时间很短，常常有意设计要短于 30 秒，当负荷较轻、重复次数较多时，间歇时间应该要短。这种类型的训练往往要求与专项紧密结合，以提高专项动作的肌肉耐力。肌肉耐力训练中，常采用的循环训练法是要求间歇时间要短的训练方法，常常在转换练习时限定时间不能超过 30 秒。

二、无氧能力训练计划的制订

无氧能力（Anaerobic Capacity，AC）是指运动中人体通过无氧代谢途径提供 ATP 的极限能力。检测人体无氧能力对于科学地分析与评价机体无氧做功能力和效率、检测训练效果等具有重要意义。

（一）分析需求

不同运动项目能量代谢的规律和特点都不同，如何根据运动时的功能规律和特点选择合理的训练方法以提高其代谢能力是科学体能训练的关键。不同的专项体能素质，其训练方法和要求均不同。

从供能形式来看，它包含两方面的内容，即磷酸原代谢和糖酵解代谢。但是从运动形式来看，又分3方面内容，即运动时间为几秒的、以磷酸原代谢为主的无氧运动；运动时间为30秒~3分钟的、以糖酵解代谢为主的无氧运动；运动时间为几秒的、中间穿插着一定休息时间或低强度运动的间歇性无氧运动。

（二）提高无氧代谢能力的训练方法

1. 磷酸原代谢能力的训练

磷酸原（ATP—CP）供能的输出功率最大。所以，由磷酸原供能时，速度、力量是最大的。发展磷酸原供能能力的训练中，主要采用无氧—低乳酸的训练方法。原则有3个。

（1）最大速度或最大力量练习，时间不超过10秒。

（2）每次练习的间歇时间不低于30秒，根据运动员的训练水平间歇时间可选范围是0.5~1.5分钟。

（3）成组练习后，组间间歇时间不能短于2~3分钟，通常在4~5分钟。

总之，提高速度素质，需要发展磷酸原供能能力的训练，要求运动强度达到最大，运动时间持续在10秒以内，间歇时间不少于30秒。

2. 糖酵解代谢能力的训练

无氧耐力素质取决于无氧代谢能力。由于磷酸原的供能时间短，无氧耐力就主要依靠糖酵解供能。要改善无氧耐力水平，首先必须提高糖酵解能力。提高糖酵解供能能力的训练，目前常采用最高乳酸训练法和乳酸耐受力训练法两种方法。

（1）最高乳酸训练法 乳酸是糖酵解的最终产物。运动中乳酸生成量越大，说明糖酵解供能的比例越大，无氧耐力素质越好，所以最高乳酸训练的目的是使糖酵解供能能力达到最高水平，以提高最大强度运动1~2分钟运动项目的运动能力。最高乳酸训练通常采用间歇训练法。常采用1~2分钟大强度运动、间歇时间为3~5分钟的间歇训练法。

（2）乳酸耐受力训练法。不同训练水平的运动员对乳酸有不同的耐受力。乳酸耐受力提高时，机体不易疲劳，运动能力也随之提高。乳酸耐受力训练通常采用超量负荷的方法。在第一次训练后使血乳酸达到较高水平，目前认为以12毫摩尔的血乳酸浓度为宜，然后保持在这一水平上，使机体在训练中忍受较长时间的刺激，从而产生生理上的适应和提高耐受力。

三、有氧能力训练计划的制订

有氧能力（Aerobic Capacity，AC）是指单位时间内氧被运输到活动肌肉而被肌肉所利用的能力。耐力型运动项目选手的运动成绩，受到个体的种种因素（形态及生理性的要因）影响，特别是以下6种因素：

（1）运动时的摄氧能力（心排血量 × 动静脉氧差）。
（2）体重中肌肉（或脂肪）所占的比例。
（3）竞技中动用的主要慢肌纤维所占的比例。
（4）骨骼肌内的毛细血管密度及氧化酶活性。
（5）肌糖原含量的多少等。
（6）运动中的能量运用效率等。

监测人体有氧能力对于科学地分析与评价机体有氧做功能力和效率，检测训练效果等具有重要意义。

（一）有氧能力的生理学适应和相关因素

1. 有氧训练后身体产生的适应

在有氧训练中，身体是通过改变生理系统的过程来产生适应的（如表5-2-2所示）。重复有氧运动的全部适应就是使运动更加有效，使得在每种水平的活动中，所有器官所作的努力减少。

表5-2-2 有氧训练后身体的适应情况

有氧训练后身体的适应	
指标	反应
最大摄氧量	升高
安静心率	下降
运动心率（次，最大）	下降

续表

有氧训练后身体的适应	
最大心率	不变或少量下降
动静脉氧差	升高
每搏输出量	升高
心排血量	升高
收缩血压	不变或少量上升
肌肉的氧化能力	升高

2. 影响有氧能力的主要因素

在设计有氧能力训练时，必须清楚影响有氧能力的相关因素，这样可以在制订有氧能力训练计划时最大限度地减少不利的适应，以及疲劳、过度训练等发生。影响有氧能力的主要因素如下：

（1）最大有氧能力

随着运动持续时间的延长，机体越来越多地依赖有氧代谢功能，因而，运动员高水平的最大有氧能力是获得优异成绩必然条件。有许多研究都证实了最大有氧能力与有氧耐力项目成绩相关，因而，有氧耐力训练计划要能够发展运动员的最大有氧能力。虽然最大有氧能力对耐力项目非常重要，但是其他一些包括乳酸阈、运动经济性、能源利用方式、肌纤维类型等在内的因素对于耐力项目的成绩也同样重要。

（2）乳酸阈值

在最大有氧能力相近的运动员中，最好的运动员是那些在以很高水平进行有氧供能的同时，乳酸没有明显堆积的人。对于这种现象一般常用乳酸阈来表达。乳酸阈是指乳酸水平达到一定浓度后，开始明显上升时的运动速度或最大摄氧量的百分比。

（3）运动的经济性

在规定的速度下，进行运动的能量消耗值叫作运动的经济性。运动经济性较高的运动员在规定的速度的运动中能量消耗值较低。许多研究认为运动经济性是跑步项目中取得优异成绩的主要因素。对于跑步项目运动经济性较好的运动员步幅稍小，频率较高。

（4）能源利用方式

以高强度进行长时间的运动需要大量的能量供应。在运动强度超过70%最大摄氧量水平时，供能的能源就以糖即碳水化合物为主了，但优秀的耐力项目运动员在规定强度运动中脂肪供能的比例稍大，这种脂肪利用能力的提高是训练适应的一个方面，其有利之处在于节约肌糖原和肝糖原。在长时间运动中，糖原充分与否与运动能力密切相关，在持续时间超过60分钟的运动中，运动期间补糖可以改善运动成绩。

（5）肌纤维类型特点

众多研究发现，优秀耐力运动员以Ⅰ型肌纤维为主，经过耐力训练后的肌纤维有氧能力提高。虽然尚未发现训练可以改变肌纤维类型的现象，但是训练可以改变肌纤维代谢特点已被许多研究发现。有氧耐力训练可以改变肌纤维的代谢特征，改善有氧供能能力，从而提高有氧耐力运动项目的成绩。

（二）在专门性原则上设计有氧能力训练计划

抗阻训练中的专门性原则也可以应用到有氧耐力训练中。专门性原则是指训练结果将会直接与训练类型相关。抗阻训练的结果针对抗阻训练，而有氧训练的结果将会针对有氧训练。换句话说，抗阻训练不能显著提高最大有氧功率（最大摄氧量）。另外，包含一种有氧运动形式的训练不能保证与另一种不同的有氧运动形式取得相同的结果。不同的运动形式中的肌肉收缩方式和氧气需要量不同，所以，产生的反应和适应也不相同。尽管一项运动形式所带来的摄氧量增加将会有助于其他运动形式，但是程度却不一样。

（三）选择适当的有氧运动方式

运动的方式指运动员特定的运动形式，例如，自行车、游泳、跑步等。训练中的运动方式与专项越接近越好，这样的训练可以对相关的生理系统起到加强作用，既动员了肌纤维，又使肌纤维中的能量供应等都在训练中加强。特别要注意的是，训练的方式与专项越接近，训练的效果就越好。

（四）根据运动员训练状况、所处周期、恢复需要等安排有氧能力训练频率

每天或者每周的训练课次叫作训练频率。训练频率应依据训练的强度，练习

持续时间，运动员的训练状态和所处的训练周期等因素来决定。如果练习强度较高，训练持续时间较长，那么训练频率就应该较低，以保证运动员的恢复。运动员的训练状态也是影响训练频率的重要因素，训练水平较低的运动员在开始执行训练计划时需要有较长的恢复时间。大运动量训练课后的恢复水平会最直接影响下一次训练课能否取得良好的训练效果。大运动量训练课后或大运动量训练期后经过休息，运动成绩会得到改善。在恢复期间，最重要的是休息，使能源得到补充、水得到补充。运动训练中有大量的体液丢失，所以，运动后补水是必要的，如果训练的强度和练习持续时间都较长，那么肌糖原都有排空的可能，因而，补糖也是必要的。

（五）安排训练持续时间和强度

练习持续时间指训练课的持续时间。练习持续时间通常受到练习强度的制约，练习时间越长，强度就越低。例如，运动强度超过最大乳酸稳态时，练习持续时间较短（20~30分钟），因为乳酸在肌肉中的积累会引起疲劳；相反，强度低于最大乳酸稳态的练习可持续数小时才产生疲劳。

训练引起机体产生适应的关键是训练强度和练习时间的相互作用。训练强度越高，练习持续时间就越短。训练引发的适应主要是针对训练强度的，具有强度特异性。高强度有氧耐力训练可以改善心血管和呼吸系统的功能，使工作肌的氧供得到改善。

综合上述内容，要注意训练时间和强度的相互关系。

（六）结合适当的热身、放松和渐进式原则制订训练计划

无论运动员采用哪种训练方式，都应该在训练中加入适当的热身和放松过程。热身的目的是增加肌肉的血流量，逐渐增加心率以减少氧债，为神经系统的活动做准备，提高肌肉的核心温度，使血液中的氧气更多地流向肌肉。适当的热身运动应该由小而简单的动作逐渐向大而复杂的动作递进。放松过程与热身恰恰相反，由复杂向简单逐渐过渡，使心率降低并达到较低的稳态水平。并且在放松后还应加入伸展性的拉伸活动。

（七）使用不同类型的有氧能力训练计划

有氧能力的训练计划有许多种，每种计划都有不同的训练频率、练习持续时间及强度参数，每一种类型的计划都是对四种变量的有机重组。不同类型的有氧耐力训练计划及操作要点如表 5-2-3 所示。

表 5-2-3　不同类型的有氧耐力训练计划及操作要点

训练类型	训练频率（周）	训练持续时间	强度
持续慢速训练（LSD）	1～2	≥比赛距离（30～120 分钟）	70% 最大摄氧量强度
节奏训练	1～2	20～30 分钟	乳酸阈或略高于乳酸阈
间歇训练	1～2	3～5 分钟（运动：休息 =1：1）	接近最大摄氧量
重复训练	1	30～90 秒（运动：休息 =1：5）	大于最大摄氧量
法特莱克法	1	20～60 分钟	在 LAD 与节奏训练之间变化

1. 持续慢速训练（LSD）

这种训练的强度大约相当于 70% 最大摄氧量强度（80% 最大心率），练习的距离或者时间应该比比赛的时间和距离长，或者训练时间持续在 30 分钟～2 小时之间。这种训练中的强度低于比赛强度，如果过多地进行此类训练可能引起不利的效应。另外，由于这种练习的强度较低，不能募集比赛中需要动员的肌纤维，这样引起的肌肉适应与比赛不符。马拉松运动员 LSD 训练举例如表 5-2-4 所示。

表 5-2-4　马拉松运动员 LSD 训练举例

星期一	星期二	星期三	星期四	星期五	星期六	星期日
45 分钟法特莱克	60 分钟 LSD 跑	45 分钟间歇跑	60 分钟比赛速度上坡和平地	45 分钟重复跑	120 分钟 LSD 跑	休息

2. 节奏训练

节奏训练采用比赛强度或略高于比赛强度，大于等于乳酸阈强度，因而又叫作乳酸阈训练，或者叫作有氧—无氧间歇训练。有两种节奏训练的方式：一种为稳态训练，另一种为间歇节奏训练。稳态节奏训练是以乳酸阈强度进行持续20~30分钟的运动。间歇节奏训练的强度为乳酸阈强度，但是在一次训练中，有多次间歇。

3. 间歇训练

间歇训练的训练强度接近100%最大摄氧量强度，练习持续时间为3~5分钟，有些最短的间歇训练中，运动时间可以是30秒，间歇时间与运动时间相等，也是3~5分钟，保持运动与休息比为1∶1。间歇训练可以使运动员以高速度完成较大量的训练。间歇训练对机体的刺激极大，不宜安排太密。主要生理学效益在于提高最大摄氧量，加强无氧代谢能力。

参考文献

[1] 过家兴.运动训练学[M],北京：人民体育出版社,1989.

[2] 徐本力.运动训练学[M].北京：人民体育出版社,1999.

[3] 田麦久.运动训练学[M].北京：高等教育出版社,2017.

[4] 杨桦,李宗浩,池建.运动训练学导论[M].北京：北京体育大学出版社,2007.

[5] 美国体能协会.体能训练设计指南[M].北京：北京体育大学出版社,2015.

[6] 刘同员.体育健身原理与方法[M].武汉：湖北科学技术出版社,2000.

[7] 刘胜,张先松,贾鹏.健身原理与方法[M].武汉：中国地质大学出版社,2010.

[8] 孙庆祝,郝文亭,洪峰.体育测量与评价[M].北京：高等教育出版社,2011.

[9] 王旭冬.体育健身原理与方法[M].北京：北京体育大学出版社,2008.

[10] 杨锡让.实用运动生理学[M].北京：北京体育大学出版社,2007.

[11] 龙斌,李少丹.传统周期训练理论的现代适用性及其发展[J].武汉体育学院学报,2016,50（4）：84-89.

[12] 王村,杨兴权,钟敏.新赛制下全年训练周期的安排[J].体育学刊,2004,11（2）：115-117.

[13] 金健秋,刘强,杨克新,当代运动训练理论与实践对周期理论的质疑[J].山东体育学院学报,2005,21（5）：89-91.

[14] 毛荣建,晏宁,毛志雄.国外锻炼行为理论研究综述[J].北京体育大学学报.2003,26（6）：752-755.

[15] 王京京,张海峰.高强度间隙训练运动处方健身效果研究进展[J].中国运动医学杂志.2013,32（3）：246-249.

[16] 王雪芹,陈士强,罗海燕.太极拳的生理医学效应[J].中国运动医学杂志.2005,24（6）：757-759.

[17] 谢媛媛.间歇与重复训练法在实践运用中的探讨[J].青少年体育,2013(4):57-59.

[18] 杨剑,邱茜,季浏.锻炼行为生态学模型及其在体育领域的应用[J].武汉体育学院学报.2014,48(10):75-81.

[19] 李险峰.运动技能迁移在体育教学训练中的应用小[J].运动.2011,(2):35-38.

[20] 段文婷,江光荣.计划行为理论述评[J].心理科学进展.2008,16(2):315-320.

[21] 范沛华.功能性体能训练对于普通大学生体质健康影响的实证研究[D].徐州:中国矿业大学,2022.

[22] 蒋春强.功能性训练对军事体能考核成绩的影响研究[D].武汉:武汉体育学院,2022.

[23] 曹杰.体育功能性音乐对足球专项体能的影响研究[D].广州:广州体育学院,2022.

[24] 李茜.基于"三全育人"理念的体能训练专业人才培养体系构建[D].天津:天津体育学院,2022.

[25] 张文雅.功能性体能训练视域下武警新兵军事体能训练方案设计与实施研究[D].天津:天津体育学院,2022.

[26] 樊先德.基础体能训练对初中生身体素质的影响研究[D].成都:四川师范大学,2021.

[27] 吴芮.CrossFit体能训练对高校花球啦啦操运动员体能的影响研究[D].长沙:湖南师范大学,2021.

[28] 刘庆山.体能训练基本理论与我国高水平篮球运动员体能训练研究[D].北京:北京体育大学,2004.

[29] 王龙."恶补体能"视角下体能测试在游泳冠军赛的应用探讨[D].天津:天津体育学院,2022.

[30] 周福.基于训练伤预防的新训骨干基本素养评价研究[D].上海:中国人民解放军海军军医大学,2022.